D1683732

DORTMUNDER U DIE ARCHITEKTUR

DORTMUNDER U
DIE ARCHITEKTUR

HERAUSGEBER UND AUTOR
Falk Jaeger

U

6	**VORWORT**	126	**SIEBEN FRAGEN**
	EIN LEUCHTTURM DER		PROFESSOR ECKHARD GERBER
	KULTURHAUPTSTADT EUROPAS RUHR.2010		IM GESPRÄCH
	Karl-Heinz Petzinka		

10 **BAUEN UND BRAUEN**
DIE DORTMUNDER UNION AN DER
RHEINISCHE STRASSE
—

16 **BEWEGTE VERGANGENHEIT**
DIE BAUGESCHICHTE DES GÄR- UND
KELLERHOCHHAUSES »U«
—

28 **NEUE PLÄNE**
VOM VERWAISTEN INDUSTRIEDENKMAL ZUM
LEBENDIGEN KUNST- UND KREATIVZENTRUM
—

36 **TRAGEN UND LASTEN**
DIE ERTÜCHTIGUNG DES
HISTORISCHEN TRAGWERKS
—

46 **HAND IN HAND**
DIE ARBEITEN AUF DER BAUSTELLE
—

56 **RAUM UND LICHT**
DIE NEUE ARCHITEKTUR VON
GERBER ARCHITEKTEN
—

112 **PLÄNE / GRUNDRISSE**

130 **KUNST UND SPIELE**
DIE NEUEN NUTZUNGEN DES KUNST-
UND KREATIVZENTRUMS DORTMUNDER U
—

144 **ANHANG**
DATEN UND FAKTEN
PROJEKTBETEILIGTE
AUTOREN
IMPRESSUM

VORWORT
EIN LEUCHTTURM DER KULTURHAUPTSTADT EUROPAS RUHR.2010

KARL-HEINZ PETZINKA
—
Eine von 53 Städten, die gemeinsam als Kulturhauptstadt Europas RUHR.2010 auftreten, ist Dortmund. Die Stadt mit rund 580.000 Einwohnern und 12 Stadtbezirken auf einer Fläche von 280 Quadratkilometern ist per Definition eine typische deutsche Großstadt. Am mittelalterlichen Hellweg gelegen, war sie einst wichtige Hansestadt, entwickelte sich mit der industriellen Revolution zum Zentrum für Kohle, Stahl und Bier und erwarb sich in der jüngsten Geschichte eine Reputation als aufstrebender Dienstleistungs- und Technologiestandort. Nun will und soll sie über die Mittel der Kultur den Wandel von einer vergehenden Industrielandschaft zur einzigartigen Metropole eines neuen Typs vollziehen und Zukunft sichtbar machen. Im Zeitraffer der Geschichte wird deutlich, welch tiefgreifende städtebauliche und gesellschaftliche Transformation die Stadt vollzog, sich unter den jeweils aktuellen Fragestellungen neu definierte. Und wie sie heute den Mut aufbringt, Vorreiter einer ungewöhnlichen Planungskultur zu sein, bei der es um nicht weniger geht als um die Erfindung einer neuen Metropole dezentralen Zuschnitts, von der sie ein Teil sein wird. Diese Strategie rückt als grundlegende Voraussetzung das Kirchturmdenken zugunsten interkommunaler Kooperationen in den Hintergrund. Es ist ein Balanceakt zwischen der Notwendigkeit, die lokalen Eigenarten zu bewahren und in regionaler Abstimmung Stärke zu beweisen, um im globalen Städtewettbewerb konkurrenzfähig zu bleiben. Die Kulturhauptstadt Europas bot dabei die international beachtete Plattform und den kulturellen Ausnahmezustand, um die Vision einer Neuen Metropole Ruhr in die Wirklichkeit zu transferieren. Über das Motto »Wandel durch Kultur – Kultur durch Wandel« vereint, nutzen die 53 Städte den Titel 2010 aktiv als zukunftsgerichtetes Instrument im Sinne einer nachhaltigen Kultur- und Wirtschaftsförderung.

So ist das Ende des Kulturhauptstadtjahres 2010 erst der Anfang einer Neuen Metropole Ruhr.
—
Jede Metropole braucht ihre Wahrzeichen und Ikonen, die sie im kollektiven Gedächtnis verankern, also in die »Mental Map« der Gesellschaft einfügen. Dank der *Internationalen Bauausstellung Emscher Park* (1989 bis 1999) ist eine erste Kartierung bereits vorgenommen, sie bildet die Basis der Neuen Metropole Ruhr. Der Devise »Wandel ohne Wachstum« folgend, setzte die IBA Emscher Park einen bahnbrechenden Prozess in Gang. Die Strategie des »zweiten Blicks«, eine Art Verzögerungstaktik allzu schneller Planung, sorgte dabei dafür, dass so großartige industriekulturelle Ikonen wie das heutige Weltkulturerbe Zeche Zollverein, das Hochofenensemble in Duisburg-Meiderich oder der Gasometer Oberhausen erhalten bleiben konnten. Sie fügen sich heute als richtungsweisende Landmarken wie selbstverständlich in die Silhouette der Stadtlandschaft, erzählen auf ihre jeweils ganz eigene Art vom neuen Ruhrgebiet und bilden ein Koordinatensystem im unübersichtlichen polyzentrischen Städtegeflecht.
—
Dabei wird schnell klar, dass nicht nur die Erhaltung im Sinne einer rückwärtsgewandten Musealisierung der Industriedenkmale erklärtes Ziel sein darf. Die neuen Bilder des Ruhrgebiets müssen Symbole für den Weg von der Industriegesellschaft zur Dienstleistungsgesellschaft unter dem Einfluss der digitalen Revolution sein.
—
Das Dortmunder U ist ein Beispiel par excellence. Ein Wahrzeichen der vergangenen Ära wird im Rahmen der Kulturhauptstadt Europas RUHR.2010 zum Sinnbild für zukunftsbezogenes Veränderungsdenken. Das prägnante Kellerhochhaus hatte 1994 seine Bestimmung verloren, als die Union-Brauerei ihren Sitz nach Lütgendortmund verlegte. Als Zwischen-

nutzung wurde 1998 die gekonnt kuratierte Ausstellung *Reservate der Sehnsucht* gezeigt. Auf vier Etagen gestalteten Künstler eine in den Innenraum verkehrte zerklüftete Landschaft, betrieben eine archäologische Spurensuche und machten das U selbst zum Ausstellungsobjekt. Seither harrte das weithin sichtbare Wahrzeichen Dortmunds einer neuen Bestimmung. Im Dezember 2008 erhielt das zehn Meter hohe beleuchtete U eine neue Blattgoldbeschichtung, als schillernder Vorbote des nahenden Kulturhauptstadtjahres. Das »Zentrum für Kunst und Kreativität«, das im Mai 2010 mit einer temporären Ausstellungs-bespielung und einer medienkünstlerischen Inszenierung seine Türen für die Besucher öffnete, machte Kultur und Wandel eindrucksvoll sichtbar.

—

Die erfolgreiche Genese des Dortmunder U, von der Erhaltung über die temporäre Nutzung zur dauerhaften Positionierung als Zentrum für Kunst und Kreativität geht zurück auf starke und beharrliche Persönlichkeiten aus Denkmalschutz, Planung und Kultur, einem querdenkenden Beraterteam und dem starken Verbund von Kommune und Land Nordrhein-Westfalen, die gemeinsam den Weg einer Planung der anderen Art genommen haben.

—

Die Kulturhauptstadt Europas RUHR.2010 diente dabei als Motor der Entwicklung einer überzeugenden Idee zur Neunutzung der prägenden Landmarke. Ein Nährboden für kreatives Handeln wurde etabliert, unterstützt durch die kommunale Verwaltung, die Politik und die Fördermittelgeber Land NRW und EU gleichermaßen. Die Architekten gaben im internationalen Wettbewerb ihre besten Ideen, Kuratoren und Künstler entwickelten aus dem Siegerentwurf letztlich Inhalt und Bespielung.

Im Namen der Kulturhauptstadt gilt mein besonderer Dank den zahlreichen Beteiligten. Altbürgermeister Gerhard Langemeyer und sein Nachfolger Ullrich Sierau machten das Dortmunder U zum zentralen Mittelpunkt der Stadtentwicklung um den Dortmunder Hauptbahnhof und damit zum sichtbaren Zeichen jenes Wandlungsprozesses durch Kultur, eben das Motto einer großen Kulturhauptstadtidee. Die Landesregierung NRW erklärte das Vorhaben zu einem der geförderten Mittelpunkte. Die architektonische Hülle für diesen Spielort, diesen Ort der Bespielbarkeit, dieses Kulturlabor hat mein hochverehrter Kollege Architekt Eckhard Gerber mit seinem Team geschaffen.

—

Wir wünschen dem Zentrum für Kunst und Kreativität unter der Leitung des Gründungsdirektors Andreas Broeckmann den verdienten Erfolg, verbunden mit der Hoffnung, dass das Dortmunder U als identitätsstiftendes Symbol der Zukunft unsere Neue Metropole Ruhr mit einem weiteren, unverwechselbaren Bild bereichert.

BAUEN UND BRAUEN
DIE DORTMUNDER UNION AN DER RHEINISCHEN STRASSE

Wenn heute der Fußballklub Borussia Dortmund der bedeutendste Werbeträger für die Stadt in Ostwestfalen ist, so war das nicht immer so. Bergbau und Schwerindustrie bestimmten das Gesicht, Ruhrkohle AG, Hoesch AG und Phoenix AG das Image der Stadt. Mit dem Niedergang der Montanindustrie von der Kohlekrise 1957/58 bis zur Schließung der letzten Zeche 1987 und des letzten Stahlwerks 2001 und dem damit notwendigen Strukturwandel musste sich die gesamte Stadt neu orientieren. Umwandlung der Montanindustrieflächen, Gewinnung und Ansiedlung neuer Industrien und Branchen und Hinwendung zum Dienstleistungssektor waren die neuen Entwicklungsziele.

—

Das Brauereiwesen hingegen, das in Dortmund eine bedeutende Rolle gespielt hatte, wurde von einer anderen Art des Strukturwandels ergriffen, von der Konzentration. Gab es nach dem Ersten Weltkrieg noch ein Dutzend Großbrauereien, die wie die Dortmunder Actien-Brauerei DAB und die Dortmunder Union-Brauerei DUB zum Teil deutschlandweit präsent waren, so gibt es heute nur noch einen Brauereibetrieb, der die verbliebenen Dortmunder Biermarken an einem Standort produziert.

—

Dortmund hatte eine bis ins Mittelalter zurückreichende Brautradition, die ab der Barockzeit zwischenzeitlich an Bedeutung verlor, als das Bier durch Kaffee und Schnaps Konkurrenz bekam. Von einer regelrechten »Branntweinpest« zu Beginn des 19. Jahrhunderts, die den Bierkonsum zurückdrängte, berichtet Karl-Peter Ellerbrock in seinem Buch *Das Dortmunder U,* auf das sich die folgenden Ausführungen stützen.

—

Der vehemente Aufschwung verlief dann im letzten Viertel des Jahrhunderts parallel zu jenem der Montanindustrie, denn das Bier wurde zum Standardgetränk der Kumpel und der Stahlarbeiter. Die Dortmunder Actien-Brauerei, die Dortmunder Union-Brauerei Actiengesellschaft, die Ritter-, Kaiser-, Löwen-, Stifts- und Hansa-Brauerei, Phoenix, Kronenburg und andere, insgesamt rund drei Dutzend Brauhäuser nahmen nach der Reichsgründung am Aufschwung teil. Dazu entwickelte sich der Export in die Nachbarländer, aber auch nach Asien und selbst nach Australien. Dortmund wuchs zum drittstärksten Brauereistandort nach Berlin und München.

—

Grundlage der Expansion hin zur großtechnischen Produktion war neben der Nachfrage, der Konzentration in der Brauereiwirtschaft und verbesserter Transportmöglichkeiten auch die technische Entwicklung des Brauwesens, allem voran der Kühlanlagen. Die neue, von Carl von Linde entwickelte Kältetechnik hielt in Dortmund 1881 Einzug und gestattete eine von Jahreszeiten und Natureisverfügbarkeit unabhängige Produktion.

—

Der Erste Weltkrieg und seine Folgen sorgten für eine weitere Konzentration der Betriebe. Neben den Aktiengesellschaften DAB und Union, Ritter, Hansa und Stifts hatten nur die Privatbrauereien Bergmann, Kronen und Thier die schwierige Zeit überlebt.

Oben:
Bauzustand um 1884 vor der Errichtung des U

Mitte:
Gebäude der Kälteerzeugung

Unten:
Union-Brauerei mit Hochhaus vom Bahnhofsvorplatz

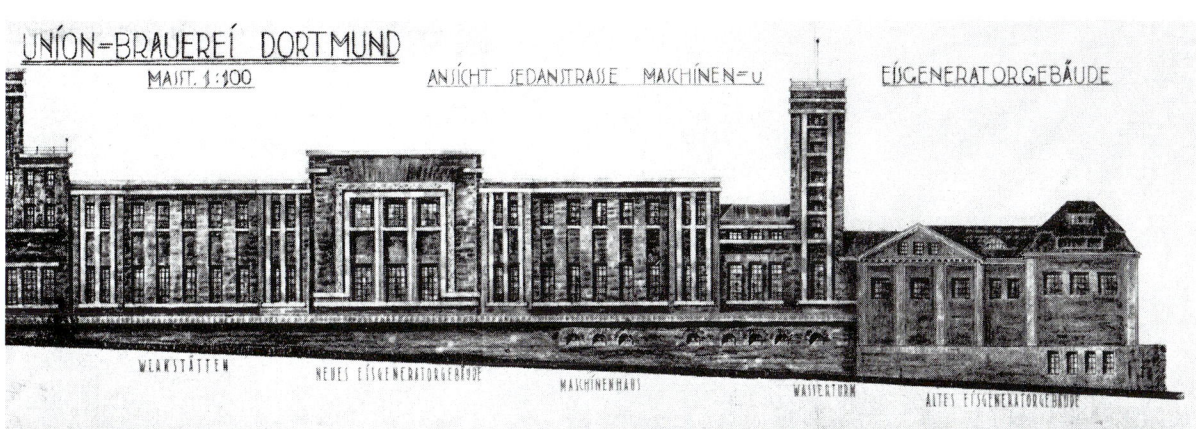

UNION=BRAUEREI DORTMUND   MAßST. 1:100   ANSICHT SEDANSTRASSE MASCHINEN=U   EISGENERATORGEBÄUDE

WERKSTÄTTEN   NEUES EISGENERATORGEBÄUDE   MASCHINENHAUS   WASSERTURM   ALTES EISGENERATORGEBÄUDE

UNION-BRAUEREI DORTMUND, KELLER-HOCHHAUS   ANSICHT v.d. BAHNSEITE aus.

12

Oben links:
Brauereiküfner bei der Arbeit

Unten links:
Flaschenabfüllanlage

Rechts:
Blick in die Abfüll- und Produktionsanlagen

BAUEN UND BRAUEN

Die Union-Brauerei hatte in den 20er-Jahren zum Beispiel die benachbarte Germania Brauerei übernommen und ihren Produktionsanteil unter den örtlichen Brauhäusern auf ein Drittel erhöht. 1928 wurde die Million Hektoliter Bierausstoß pro Jahr überschritten.

—

Der Zweite Weltkrieg fügte der Brauerei noch im März 1945 schwere Schäden zu und führte zur Einstellung der Produktion. Nach der Wiederaufbauphase konnte der Vorkriegsstand des Bierausstoßes erst Mitte der 50er-Jahre wieder erreicht werden.

—

In dieser Zeit kam auch das Pils als neue Biersorte auf und erste nationale Premiumsorten feierten Erfolge. Die mit großem Marketingaufwand betriebene Etablierung überregionaler Marken wie Warsteiner, Veltins und Krombacher trieben die Konzentration voran. Die Dortmunder Brauereien allerdings nahmen diese Trends nicht wahr, ein Grund für den Niedergang der eigenständigen Dortmunder Brauwirtschaft. So zehrten das erst in den 70er-Jahren aufgegebene Festhalten an der traditionellen Sorte Dortmunder Urtyp und die Herstellung vieler kleiner, lokal oder regional vertriebener Marken an der Konkurrenzfähigkeit der Dortmunder Union-Brauerei. Rückläufige Verkaufszahlen versuchte man durch Zukäufe kleinerer Konkurrenten zu egalisieren. Dem Trend zu alkoholfreien Erfrischungsgetränken schließlich folgte das Unternehmen durch die Übernahme der Apollinaris Brunnen AG. Die Union-Brauerei, zwischenzeitlich mit der Berliner Schultheiss-Gruppe fusioniert, firmierte ab 1988 als Brau und Brunnen und war der größte deutsche Getränkekonzern, zu der auch die DAB-Gruppe gehörte.

—

In Dortmund führten Rationalisierungsmaßnahmen 1994 zum Bau einer logistisch günstiger gelegenen neuen Brauerei in Lütgendortmund und zur

Das »U« als Markenzeichen der Union-Brauerei, nach 1968

Schließung des innerstädtischen Standorts an der Rheinischen Straße. Als Brau und Brunnen 2005 in der Bielefelder Dr. August Oetker KG aufging und deren Radeberger Gruppe zugeschlagen wurde, gingen auch in Lütgendortmund die Lichter aus. Produziert wurde fortan nur noch in der Dortmunder Actien-Brauerei an der Steigerstraße. Mit rund zwei Millionen Hektoliter Jahresausstoß ist Dortmund derzeit der wichtigste Standort der Radeberger Gruppe. Nach wie vor werden neben DAB Pilsener und Union Export weitere lokale Traditionsmarken wie Hansa, Hövels, Thier, Stifts Pils oder Brinkhoff's No. 1 produziert und erfreuen sich steigenden Zuspruchs. Regionale Traditionspflege gegen Globalisierungstendenz, hier und heute scheint das Kalkül noch aufzugehen.
—
Das Dortmunder U als letztes Relikt des ehemaligen Brauereiviertels an der Rheinischen Straße ist nicht nur ein bedeutendes Baudenkmal und Wahrzeichen der Stadt, es ist auch ein Zeuge eines eindrucksvollen Teils Dortmunder Industriegeschichte, die wie Kohle und Stahl eine große Vergangenheit hatte.

Festakt der Union-Brauerei mit Dr. Felix Eckhardt, 1960er-Jahre

BEWEGTE VERGANGENHEIT
DIE BAUGESCHICHTE DES GÄR- UND KELLER-HOCHHAUSES »U«

Als »dankbare Aufgabe für den Baukünstler« hatte Emil Moog die Arbeit am Kellerhochhaus der Dortmunder Union-Brauerei empfunden. Was ihn reizte, waren die ungewöhnlichen Zweckbestimmungen und Inhalte des Gebäudes. Der gegenüber der Unruhe des Brauereibetriebs herrschende »Eindruck eisiger Ruhe« im Gär- und Lagerkeller, »der noch besonders durch die jahraus, jahrein im Innern herrschenden Temperaturen von 0 Grad unterstrichen wird, muß auch im Äußeren des Gebäudes zum Ausdruck kommen«, schrieb er 1927 in seinem Buch *Bauten und maschinelle Anlagen in Brauereien*. Bislang ließ sich nicht zweifelsfrei klären, inwieweit der 1873 in Dortmund geborene Emil Moog, der in der Leipziger Straße 18 ein Zivilingenieurbüro führte, sich auch als Architekt verstand und sich gestalterisch betätigte. Bei einigen seiner Bauten sind beteiligte Architekten bekannt, darunter beim Lagerkeller-Hochhaus der Brauerei Stauder in Essen-Altenessen der renommierte Emil Fahrenkamp. 1927 firmierte sein 1902 gegründetes Büro als »Technisches Spezialbüro für Brauerei-Anlagen«, ein Jahr zuvor hatte er sich auf der Münchner Brauereiausstellung als »Ingenieur u. Architekt für Brauerei-Anlagen« präsentiert.

—

Seinem Buch gemäß, das ein Werkverzeichnis beinhaltet, hat er sich wohl mit beiden Berufsfeldern identifiziert. Die Kohlezeichnungen, auf denen die geplanten Gebäude gekonnt in Szene gesetzt sind, tragen jedenfalls seinen Namen als Signatur. Sie verweisen übrigens, ebenso wie manches Stilelement am Kellerhochhaus, auf den vier Jahre älteren Hans Poelzig als Vorbild, der zu jener Zeit bereits einer der erfolgreichsten und gefeierten deutschen Architekten war und dem er offenbar nacheiferte. Auch wenn Moog in seinem Buch Auerbachs Keller in Leipzig als sein Werk vorstellte, so hat er diesen nicht als Ingenieur geschaffen, sondern fungierte als Gestalter der Inneneinrichtung.

Als Architekt gehörte Moog demnach zu jener Generation, die im Lauf eines langen Arbeitslebens die Schwelle der Moderne überschritt, für die das funktionalistische Prinzip der architektonischen Darstellung all dessen, was sich im Inneren eines Gebäudes abspielt, schließlich zum Gesetz wurde. Die aber, anders als Walter Gropius und Ludwig Mies van der Rohe, nicht den Stab über die Baugeschichte gebrochen hatte und versuchte, historische Gestaltungselemente mit der Moderne zu versöhnen. Wie Hans Poelzig, wie Peter Behrens, Emil Fahrenkamp oder Wilhelm Kreis begann er seine Arbeit nach der Jahrhundertwende, als die Stilvielfalt des Historismus mit all seinen Eklektizismen in Verruf geraten war. Die »Vormoderne«, wie sie der Bauhistoriker Julius Posener definierte, versuchte, ihre Bauaufgaben mit klassizistischen Gliederungsprinzipien und reduziertem Formenrepertoire zu lösen, durchaus mit Blick auf die funktionalen Aspekte. In den frühen 20er-Jahren kam der Expressionismus hinzu und es entstanden Industriebauten mit heute geschätztem Anschauungswert, die Widersprüchliches in sich zu vereinen schienen: Monumentalität und Eleganz, klassizistische Gliederungselemente wie Giebel und Gesimse neben expressionistischen Fensterformen und Ziegeldekorreliefs, Symmetrie neben Asymmetrie, kurzum das Janusgesicht der Rückschau und des Blicks in die Zukunft. Paradebeispiel ist hierfür das Kesselhaus der Brauerei Müser A. G. in Dortmund, das Moog 1925 erbaute.

—

Moogs wichtigster Auftraggeber war die Dortmunder Union-Brauerei, für die er zwei Jahrzehnte tätig war, von 1907, bald nach Beginn seiner selbstständigen Tätigkeit bis zu ihrem Ende 1927. Moog entwarf für die Union Betriebsgebäude aller Art bis hin zum Verwaltungsgebäude mit den Vorstandsräumen und der noch existierenden Betonbrücke des Gleisanschlusses an der damaligen Unionstrasse (heute Bahnhofstraße).

Brauerei Müser A.G., Dortmund, Kesselhaus, Baujahr 1925

Union-Brauerei, Verwaltungsgebäude I, Baujahr 1913

Das Kellerhochhaus, das spätere »U«, stand als Hauptwerk am Schluss dieser Arbeit. Auch stilistisch ist es sein fortgeschrittenster Entwurf, der sich am weitesten den Prinzipien der Moderne annäherte, wenngleich sie nicht ganz erreichte.

—

Immerhin, in seiner Auffassung erweist er sich auf der Höhe der Zeit, wenn er zum Beispiel besonders erwähnenswert findet, dass es nicht wie bei sämtlichen (da ist er sehr streng) Bürohochhäusern von vornherein eine Absicht gegeben habe, ein Hochhaus zu bauen (also funktional nicht legitimiert, vor allem um der Repräsentation Willen), sondern dass die beschränkten Grundstücksverhältnisse der bestimmende Faktor gewesen seien, die bauliche Entwicklung in der vertikalen Richtung zu suchen. Lediglich knapp 2.000 Quadratmeter Baugrund standen zur Verfügung.

—

Bei der Gestaltung des großvolumigen Gebäudes bediente sich Moog eines Kunstgriffs, denn er umfing nicht den gesamten Grundriss mit durchlaufenden Umfassungswänden, was zu einem blockhaften, breit gelagerten Baukörper geführt hätte. Er teilte ihn gewissermaßen optisch in zwei jeweils hochrechteckige Volumina. Indem er auf den südlichen Körper ein dreifach gestaffeltes Pyramidendach aufsetzte, akzentuierte er diesen als Turm, während der nördliche, mit einem flacheren Dach gedeckte Teil als Annex erscheint, vom Turm abgetrennt durch das vorgebaute Treppenhaus. Im Inneren erstrecken sich dagegen ungeteilt durchlaufende Geschossflächen von Wand zu Wand und eine Teilung ist nicht erkennbar.

—

Als weiteres Differenzierungsmerkmal verwendete Moog die Ausbildung der Fenster. Der Turm erfuhr dabei eine gesonderte Aufmerksamkeit. Entsprechend seinem Interesse für die unterschiedlichen Inhalte des Gebäudes differenzierte er diese am Außenbau, zumindest an der Ostseite, der Schauseite gegen das Stadtzentrum. Das Erdgeschoss ist bis auf den überbauten Betriebshof geschlossen. Die Fensteröffnungen der drei Lagergeschosse sind durch helle Gesimse und Wandverkleidungen zu horizontalen Bändern zusammengefasst. Darüber liegen drei Geschosse offensichtlich anderer Zweckbestimmung. Hier ordnete er die relativ kleinen Öffnungen zu Dreiergruppen, die er durch eine hellere, eingetiefte Rahmung verband. An der Süd- und Westseite hat er (aus Kostengründen?) auf diese Differenzierung verzichtet; die Fenster erhielten einfache singuläre Rahmungen. Am Annex fasste er die Fenster durch vertikal eingetiefte Rahmung zusammen und verschlankte den Baukörper dadurch optisch. An der Nordfassade finden sich in der Mittelachse schmale Fenster in Dreiergruppen, die ebenfalls stockwerkübergreifend vertikal gebündelt sind, was zu einer gewissen, die Symmetrie betonenden Risalitwirkung führt.

—

Krönung des Ensembles im wahrsten Sinne des Wortes ist die vierfach gestaffelte Attika als oberer Abschluss des Turmes mit Fernwirkung. Zwei Pfeiler-

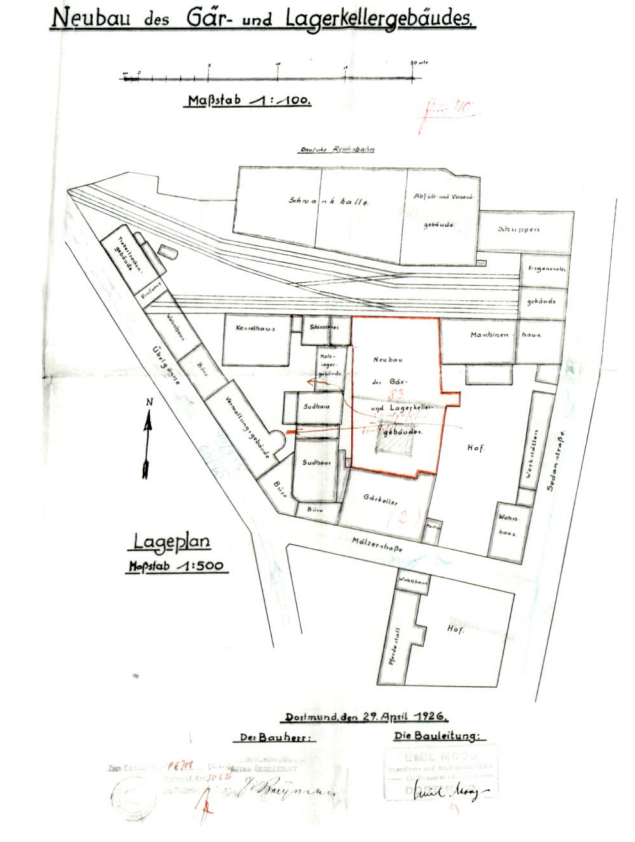

Oben:
Union-Brauerei mit Hochhaus
vom Körnerplatz

Links:
Lageplan, 1926

Rechts:
Hochhaus, Ansicht vom
Körnerplatz

Blick auf den Körnerplatz mit der »Eisenbeton-Beleuchtungspyramide« bei Nacht, um 1936

und Balkenkolonnaden aus hellem Beton überragen die dahinter liegenden Geschosse und Pultdächer und werden im oberen Bereich zur offenen Brüstung. Als drittes Staffelgeschoss sitzt ein geschlossener Kubus blockhaft obenauf, gekrönt von einer kleinen Laterne als Spitze der pyramidalen Anordnung. Man denkt an Bruno Tauts Visionen einer »Stadtkrone«, auch sein gestaffelter Stahlpavillon der Baufachausstellung 1913 in Leipzig mag hereinspielen, bestimmt auch das Wilhelm-Marx-Haus mit seiner durchbrochenen Attika, das Wilhelm Kreis 1922 bis 1924 in Düsseldorf errichtete. 74,9 Meter maß das Gebäude vom Grund bis zur Laterne des Kühlschiffes, ein veritables Hochhaus damals. Nachts wurde der Kuppelaufbau oberhalb der äußeren Attika effektvoll erleuchtet. Clou und Werbegag war ein drehbarer Scheinwerfer, der seinen Lichtfinger in der Art eines Leuchtturms rings über die Stadt gleiten ließ.

—

Es sind also die Motive der Zeit, derer sich Moog bediente, um dem Betriebsgelände der Union nach außen hin mit einem modernen, zeitgemäßen und signifikanten Gebäude zu einem repräsentativen Auftritt zu verhelfen.

—

Als es an die Konstruktion ging, stellte sich dem Architekten und den Ingenieuren die Frage, ob Stahlbeton (der damals Eisenbeton genannt wurde), Stahl oder eine Mischkonstruktion vorzuziehen wäre. In Stahlbeton hätten einzelne Stützen 1.400 Tonnen Belastung tragen müssen, was zu Querschnitten mit störenden Dimensionen geführt hätte. So wurden alle Säulen innerhalb der Umfassungsmauern bis an die Unterzüge des 2. Obergeschosses aus Walzprofilen mit Blechstegen aufgebaut. Ein drei Meter hoher Ringbalken trägt die weiteren Obergeschosse, die komplett in Eisenbeton ausgeführt wurden. Die Außenwände der ersten drei Obergeschosse bestehen aus Beton, die weiteren aufgehenden Außenwände aus verklinkertem Ziegelmauerwerk. 1.600 Tonnen Eisen, 180 Waggons Zement, 2.300 Waggons Kies und Rheinsand sowie 1,5 Millionen Ziegelsteine vermeldeten die Bauleute als Verbrauch.

—

Nimmt man die Grundrisspläne des Gebäudes kritisch in Augenschein, fallen zunächst die ungewöhnlichen schiefen Winkel des fünfeckigen Grundrisses ins Auge. Sodann die Unregelmäßigkeiten der Stützenreihen, die jedem Bauingenieur die Adern schwellen lassen. Stehen die Stützen in der Südhälfte des Grundrisses bis auf die Ostreihe wenn nicht im Raster, so doch in geraden Reihen, geraten sie im fünfschiffigen Nordteil ziemlich außer Tritt. Grund sind die unterirdischen Lagerkeller aus verschiedenen Bauperioden, über denen das neue Haus errichtet werden musste. Dort konnten die Stützen nur zwischen den Gewölben durchgeführt werden. Auch der überbaute Brauereihof sollte erhalten bleiben, weshalb das Gebäude aufgeständert wurde.

—

Über den alten Kellern und dem offenen Hofgeschoss erhob sich das Gebäude mit drei Stockwerken Lager-»kellern« mit jeweils 70 aus Siemens-Martin-Stahlblech geschweißten Tanks mit einer Lagerkapazität von insgesamt 78.000 Hektolitern. Das 4. Obergeschoss wurde vollständig von 77 offenen Gärbecken mit einem Fassungsvermögen von 23.000 Hektolitern eingenommen, im 5. lagen im Südteil die Anstellbottiche und darüber die Kühlaggregate. Im Südteil war Platz für zwei Geschosse Hopfenlager. Die 21,5 Meter hohe, kathedralhafte Dachhaube diente als Kühlschiffraum und wurde durch Jalousien intensiv belüftet. Ein Lastenaufzug mit 9 Quadratmetern Plateaufläche verband alle Geschosse miteinander. Knapp vierzehn Monate hatte die Bauzeit betragen, bis am 9. Juni 1927 der erste Sud eingebracht werden konnte.

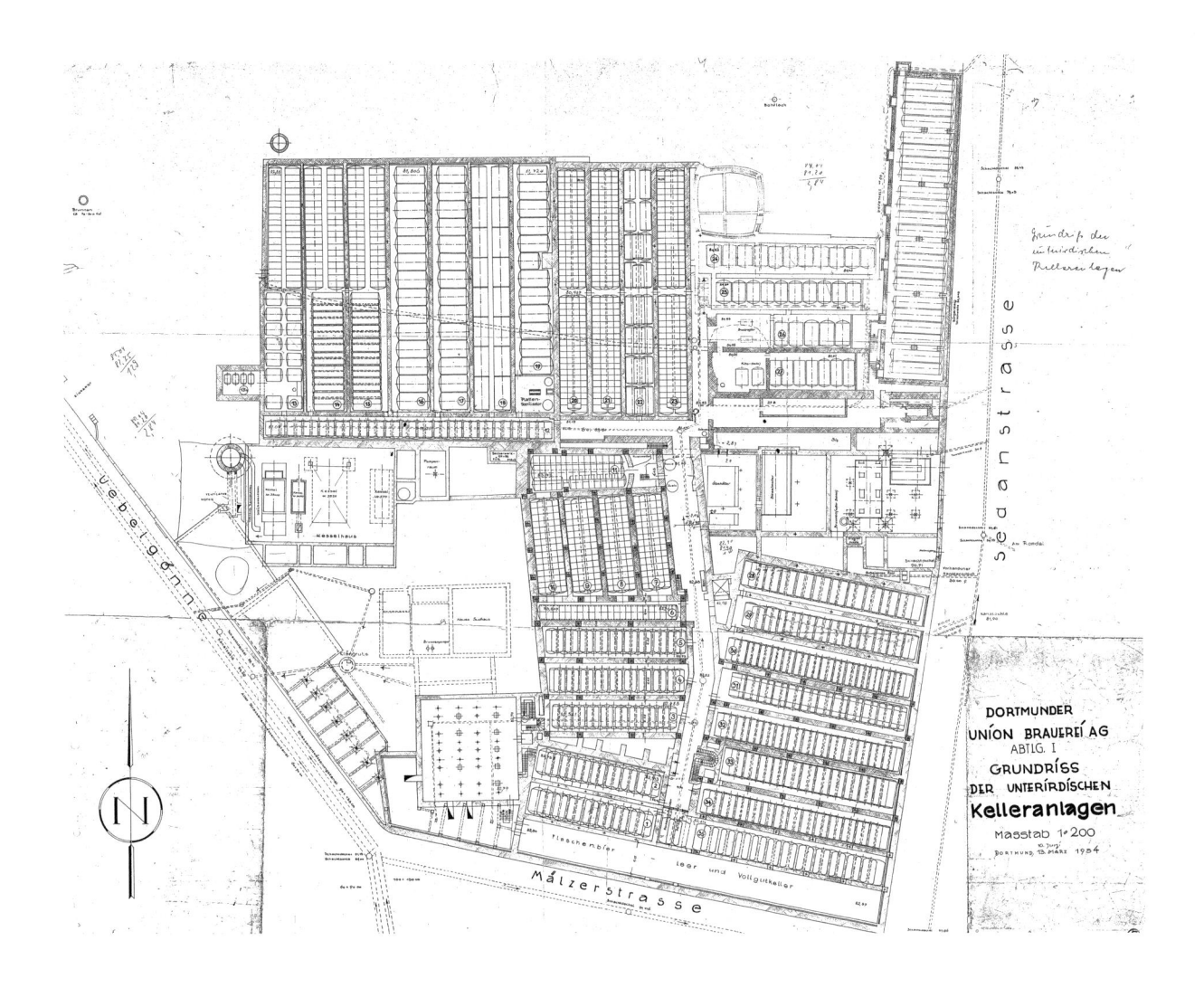

Links:
Plan der unterirdischen
Kelleranlagen, 1954

Rechts:
Pläne des Kellers, des
Erdgeschosses sowie des
1. bis 5. Obergeschosses, 1926

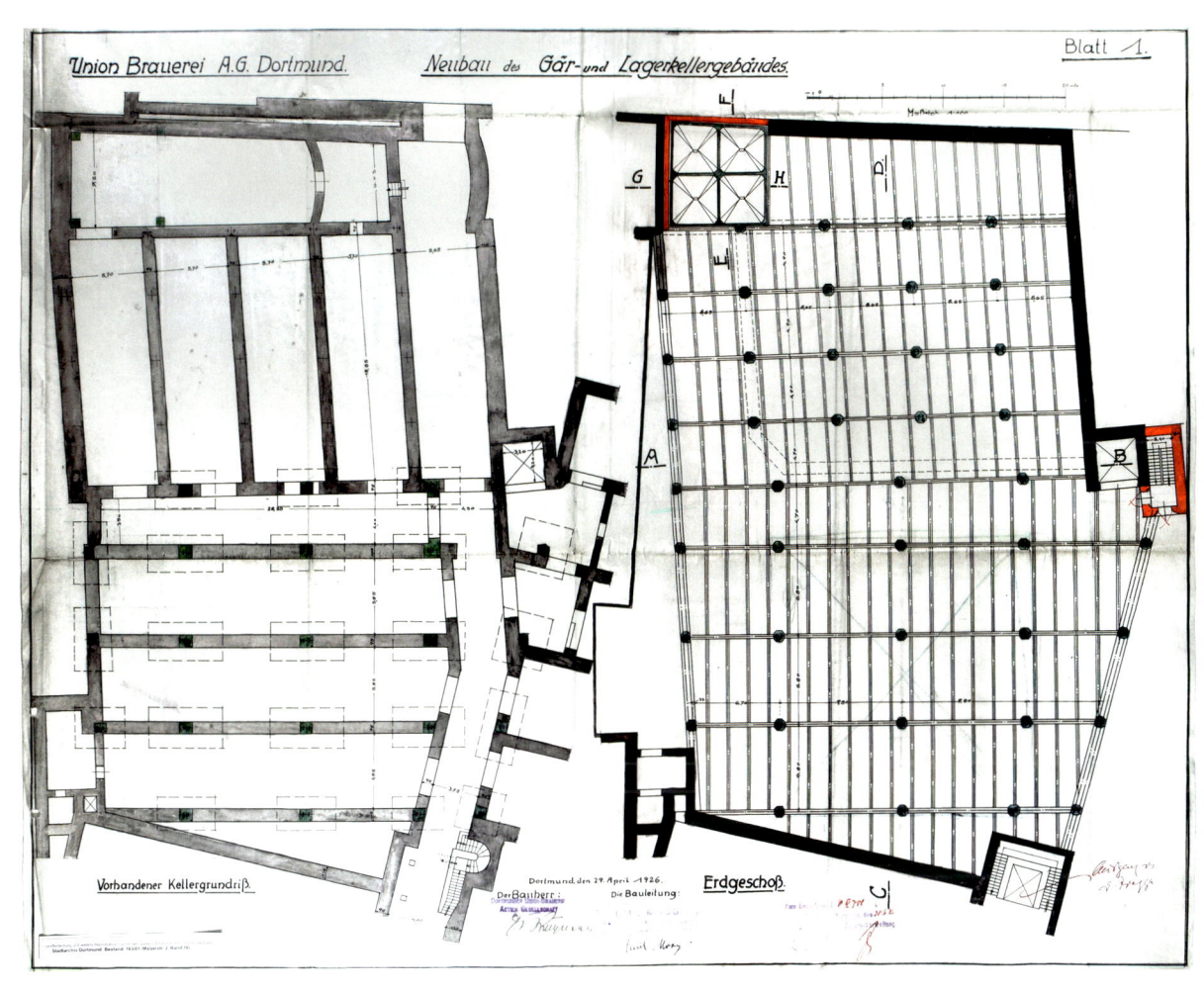

Union Brauerei A.G. Dortmund. — **Neubau des Gär- und Lagerkellergebäudes.** — Blatt 1.

Vorhandener Kellergrundriß.

Dortmund, den 29. April 1926.
Der Bauherr: Die Bauleitung:

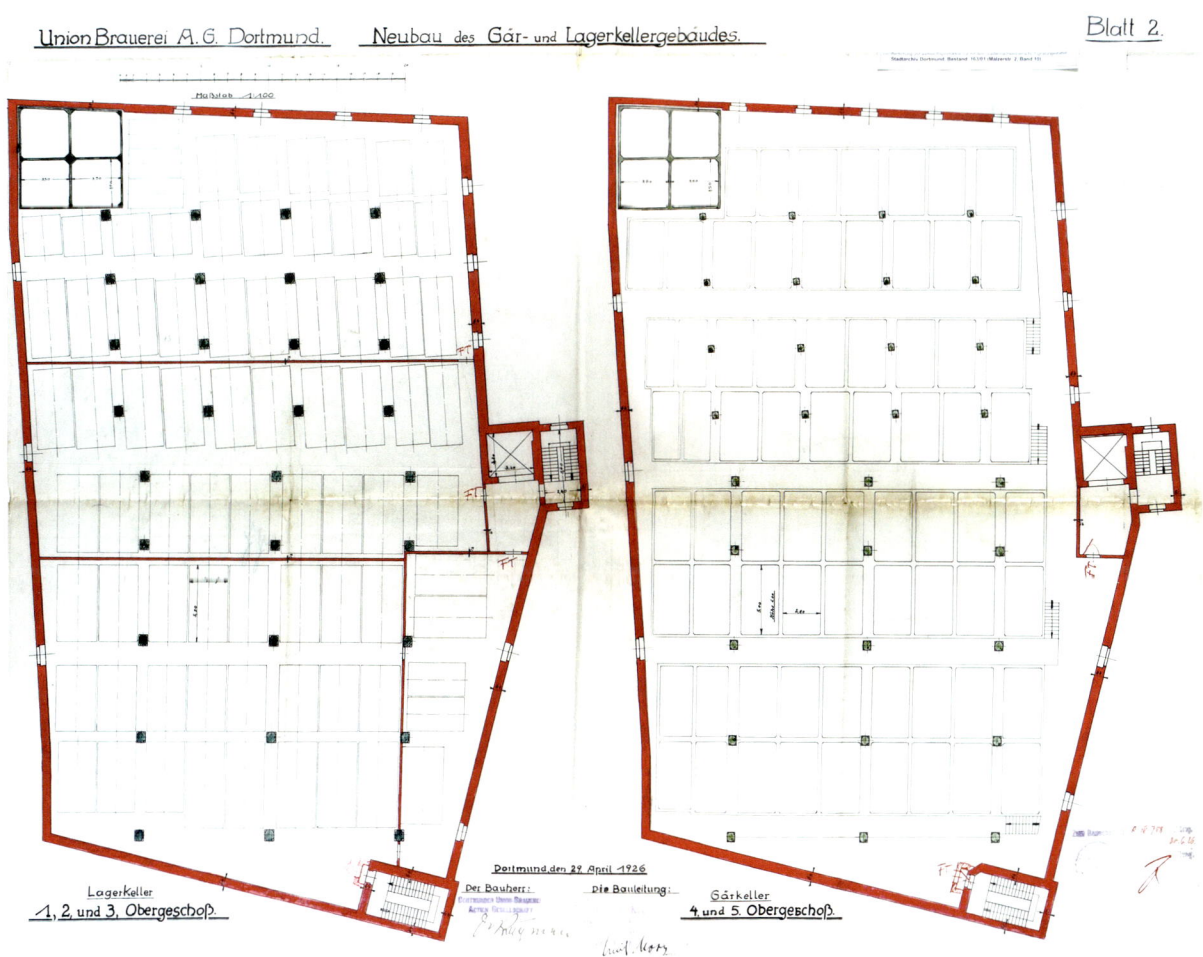

Erdgeschoß.

Union Brauerei A.G. Dortmund. — **Neubau des Gär- und Lagerkellergebäudes.** — Blatt 2.

Maßstab 1:100

Lagerkeller
1., 2. und 3. Obergeschoß.

Dortmund, den 29. April 1926.
Der Bauherr: Die Bauleitung:

Gärkeller
4. und 5. Obergeschoß.

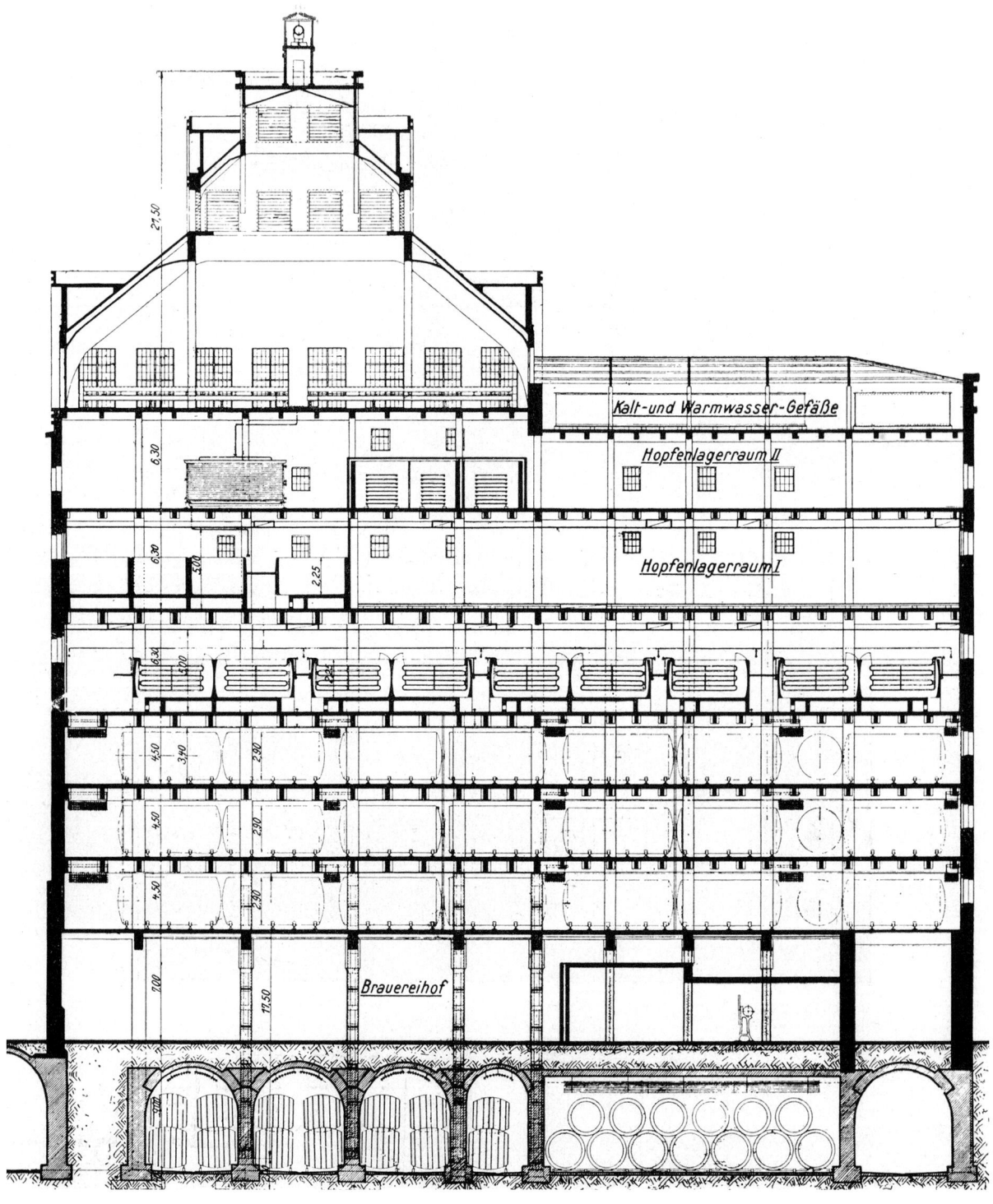

Querschnitt des Kellerhochhauses von Emil Moog, 1926/27

Oben links:
Kellerhochhaus,
Lagerkeller mit Tanks

Oben rechts:
Kühlschiffraum,
Eisenbetondach

Mitte:
Gärraum

Unten:
Anstellbottichraum

Oben:
Kriegszerstörungen auf dem Gelände
der Dortmunder Union-Brauerei

Unten:
Wiederaufbau bei der Dortmunder
Union-Brauerei, um 1950

Oben:
Die Union-Brauerei im Wiederaufbau,
frühe 1950er-Jahre

Unten:
Aufstockung der Gebäude,
Mitte der 50er-Jahre

Firmenlogo zu Beginn
der 1950er-Jahre

Eine lange ungestörte Produktionszeit war der Union-Brauerei im neuen Kellerhochhaus nicht vergönnt. Schon in den ersten Kriegsjahren machte sich der Rohstoffmangel bemerkbar. Die Bombardements im März 1945 richteten dann auf dem Gelände schwerste Schäden an. Nur das Hochhaus selbst blieb, wohl auch aufgrund seiner soliden Bauweise, bis auf kleinere Schäden an Fassaden und an der Attika relativ unversehrt erhalten.
—
Mit dem Bierbrauen konnte dennoch erst nach der Währungsreform begonnen werden. Ein mit Weitsicht entworfener Bebauungsplan ersetzte die unorganisch gewachsenen Strukturen und ermöglichte den Wiederaufbau eines rationellen, ökonomisch zu betreibenden Betriebsgeländes rings um das existierende Kellerhochhaus. Die neuen, schmucklos sachlichen Gebäude, die nun dem Kellerhochhaus vor allem an der Südseite angegliedert wurden, fügten sich gestalterisch nicht ungeschickt zu einem neuen Ensemble, zu einer spannungsvollen Baukörperkomposition mit dem Fassadenmaterial Ziegel als verbindendem Element.
—
Bis 1957 wurden 50 Millionen D-Mark investiert und schon 1956 konnte die Überschreitung der Marke von einer Million Hektoliter Jahresausstoß gefeiert werden.

Das Hochhaus selbst erfuhr seit dem Krieg wenige Änderungen. 1956 wurde an der Westseite ein weiteres Treppenhaus angefügt. 1968 wurde der signifikante Bau durch den Aufsatz des monumentalen, mit Blattgold verbrämten vierseitigen »U« endgültig zum Wahrzeichen der Stadt. Der Darmstädter Professor Ernst Neufert hatte die Pläne dafür geliefert.
—
Doch ab 1994, nachdem die Produktion in das neue Werk in Dortmund-Lütgendortmund verlagert worden war, breitete sich unter dem stolzen »U« die große Leere aus. Das Areal in bester Innenstadtlage war zur Industriebrache geworden. Noch eindringlicher und auch mahnender stand das nutzlos gewordene Kellerhochhaus vor Augen, nachdem im Jahr 2003 die das Hochhaus umgebenden Betriebsgebäude, kaum fünfzig Jahre nach ihrer Errichtung, wieder der Abrissbirne zum Opfer gefallen waren. Am 30. November 2003 wurde symbolträchtig der letzte Schornstein gesprengt. Das Keller- und Gärhochhaus, mittlerweile unter Denkmalschutz gestellt, blieb allein zurück auf dem abgeräumten Gelände, eine surreal anmutende Situation, die nach einer grundlegenden städtebaulichen und architektonischen Lösung verlangte.

Dortmunder U, 2003

NEUE PLÄNE
VOM VERWAISTEN INDUSTRIEDENKMAL ZUM LEBENDIGEN KUNST- UND KREATIVZENTRUM

Als die Brau und Brunnen AG 1994 den traditionsreichen Standort Rheinische Straße am Westrand der Innenstadt verließ, ergab sich für die Stadt Dortmund ein bedeutendes und komplexes Problem. Brau und Brunnen hatte schon nach Lösungen gesucht, hatte im Jahr zuvor einen städtebaulichen Wettbewerb veranstaltet, den Richard Rogers gewann und der eine wesentliche Vorgabe für die weitere Stadtbauplanung rings um das Hochhaus darstellte.

—

Brau und Brunnen suchte »nur« einen Investor für das Areal, die Stadt jedoch sah sich vor die Aufgabe gestellt, die neue Nutzung möglichst zu steuern und sinnvoll in die umgebende Stadtstruktur einzubinden. Nachdem Pläne für ein vom Projektentwickler und Betreiber zahlreicher Konsumtempel ECE geplantes Einkaufszentrum bekannt wurden, formierten sich politische Widerstände. Und als 1997 dem Vorhaben, die Gleise am Hauptbahnhof mit einem Geschäftszentrum zu überbauen, größere Chancen eingeräumt wurden, geriet das Union-Gelände wieder ins Abseits. Doch aus dem UFO über dem Hauptbahnhof wurde nichts. Brau und Brunnen entschloss sich, das Gelände selbst zu nutzen. 2003 wurden die Brauereigebäude bis auf das unter Denkmalschutz stehende Kellerhochhaus abgerissen. Drei Jahre später war das an der Ostseite des U-Turms errichtete Gebäude für die Hauptverwaltung von Brau und Brunnen fertiggestellt. Bezogen wurde es freilich nicht mehr. Denn Brau und Brunnen war zwischenzeitlich im Oetker-Konzern aufgegangen. 2007 endete die Brauereitradition des Areals endgültig. Die Stadt Dortmund übernahm das Grundstück einschließlich des neuen Verwaltungsgebäudes und des Kellerturms. Das goldene U an der Spitze hat sich vom Markenzeichen der untergegangenen Union-Brauerei zu einem Wahrzeichen der Stadt Dortmund gewandelt. Es zu erhalten, lag nicht nur im Interesse der Denkmalpfleger.

Schon 2005 hatte die Stadtverwaltung einen Architektenwettbewerb zur Erlangung von Plänen für die Umnutzung des U-Turms zu einem Museum für die Kunst des 20. und 21. Jahrhunderts ausgeschrieben. Dazu sollten die Schauräume gehören, aber auch umfangreiche Depoträume sowie eine Dependance der Berliner Nationalgalerie, die später nicht mehr im Gespräch war. 743 Teams aus vielen Ländern Europas hatten an dem EWR-offenen Bewerbungsverfahren teilgenommen. Für den eigentlichen einstufigen Realisierungswettbewerb wurden davon 26 Teilnehmer ausgelost und 14 namhafte Teams hinzugeladen. 37 Arbeiten waren bis zum Einsendeschluss am 12. April 2006 eingegangen. Das Preisgericht tagte unter dem Vorsitz von Gesine Weinmiller am 22. Mai – und konnte sich nicht entscheiden. Es verteilte die Preissumme von 114.000 Euro auf drei 2. Preise, einen 4., einen 5. Preis sowie drei Ankäufe.

—

Für besondere architektonische Eskapaden zeigte sich die Jury nicht empfänglich. Arbeiten, die erhebliche Eingriffe in die Bausubstanz gebracht hätten, stießen nicht auf Gegenliebe. Vor allem mit dem Annex gingen einige Teilnehmer recht unbekümmert um. Auch Arbeiten, die die vollständige Verkleidung der Fassaden und somit ein völlig neues Gesicht für das Bauwerk vorschlugen, konnten sich die Juroren nicht vorstellen und schieden sie aus.

—

Von den drei Zweitplatzierten hatten sich Gerber Architekten in Zusammenarbeit mit Professor Gernot Schulz am weitesten gewagt, indem sie die Fassade an mehreren Stellen mit auskragenden Körpern durchstießen, was die Jury allerdings kritisch sah: Deren »vordergründige Präsenz und Häufigkeit« müsse noch überdacht werden. Viele Wettbewerbsteilnehmer planten, Lichthöfe durch das gesamte Gebäude zu brechen, die einerseits die Ebenen zusätzlich belichten, andererseits einen räumlichen

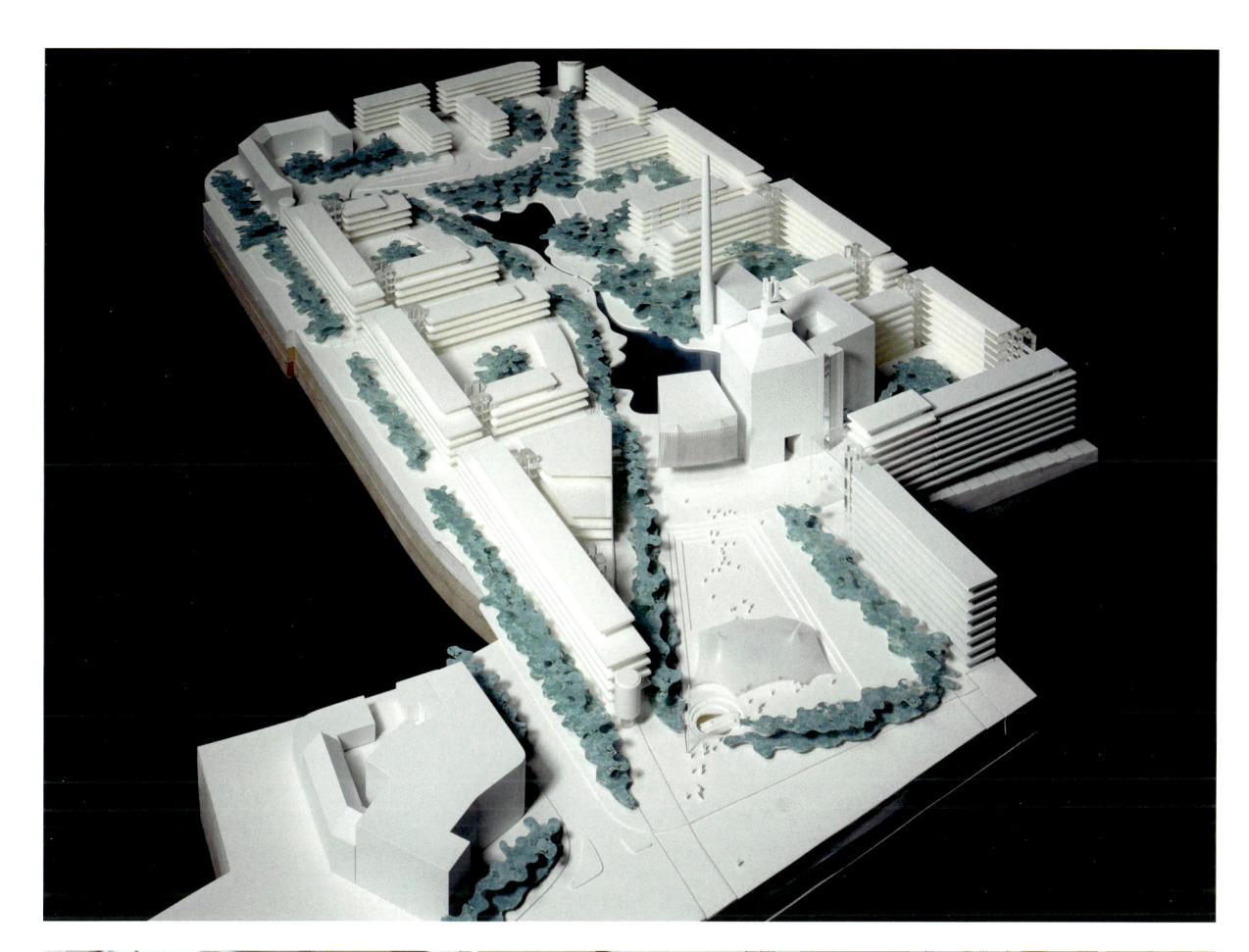

Oben:
Städtebauliches Modell des
Büros Richard Rogers, 1993

Unten:
Städtebauliches Modell von
Gerber Architekten, 1993

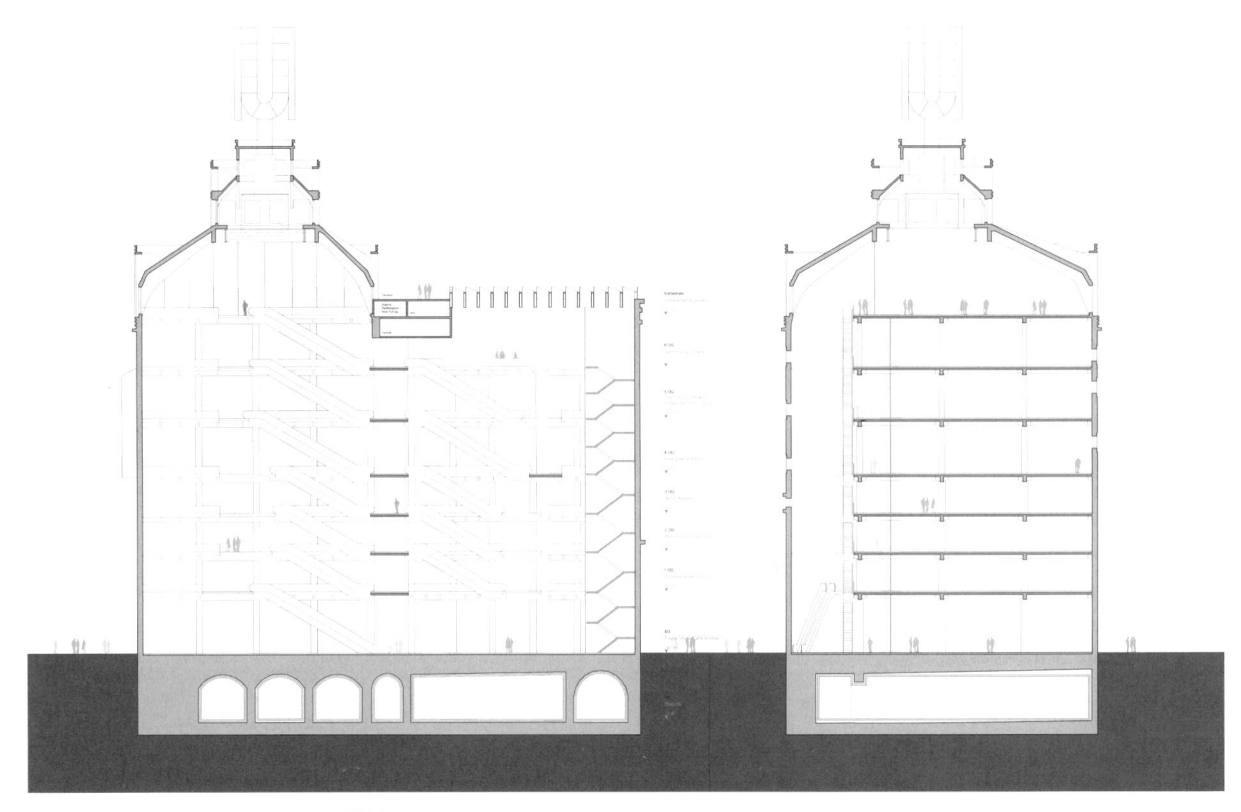

Längs- und Querschnitt, Wettbewerb 2006

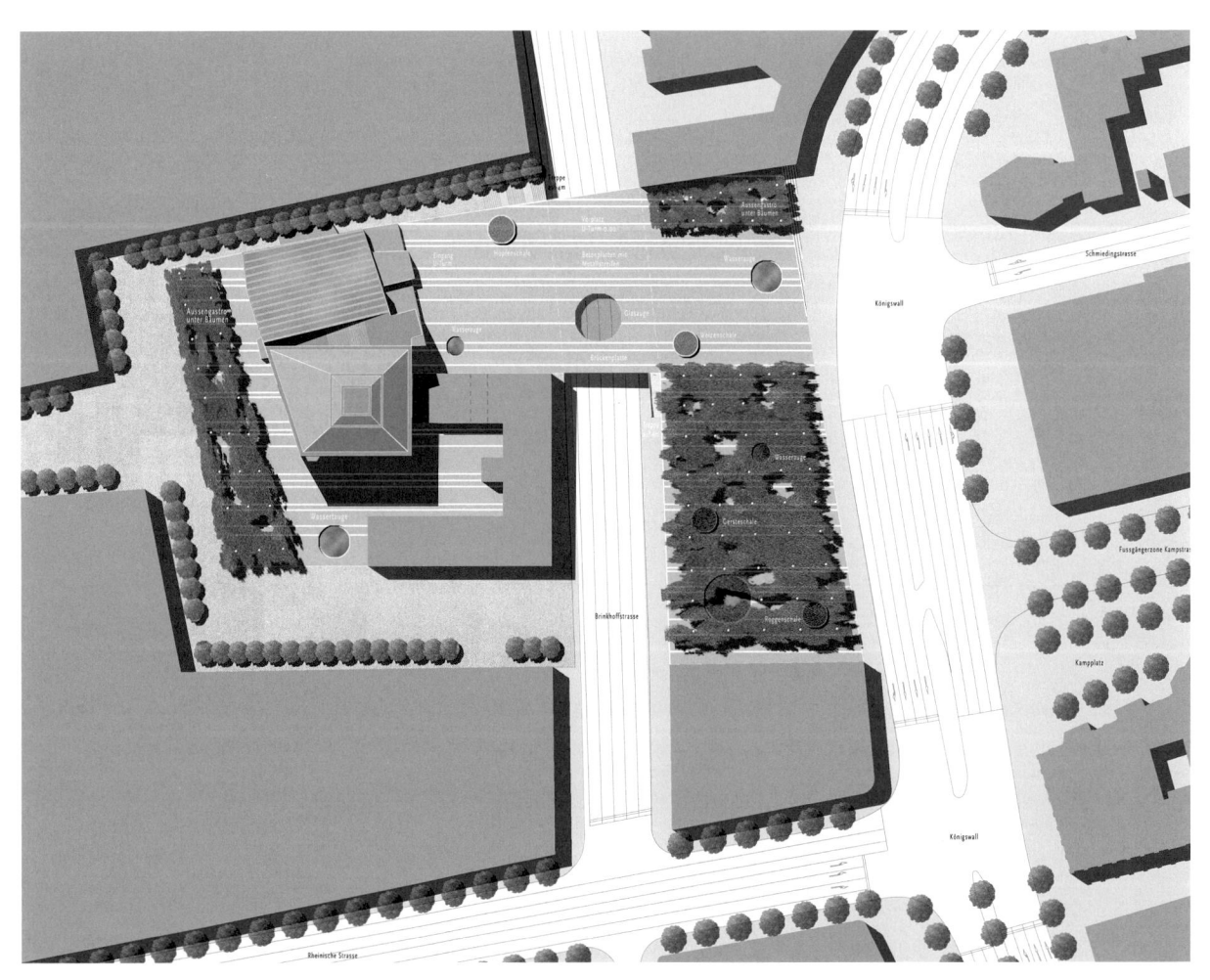

Lageplan, Wettbewerb 2006

Rendering, Ansicht von Nord-Ost, Wettbewerb 2006

Zusammenhang der Flächen im Gebäude herstellen sollten. Die bei solchen Konzepten wünschenswerte Offenheit hatte keine Chance der Realisierung, da Sicherheits- und Brandschutzbelange dem entgegenstehen. Der Zweitplatzierte Dirk Buecker aus Berlin zum Beispiel entwarf einen solchen Lichthof, der im Inneren vier »Fassaden« mit großen Fensterdurchbrüchen zu den Museumsebenen zeigt. »Aus Sicherheitsgründen und zur Beherrschung der Raumklimatik werden diese zu verglasen sein«, bemerkte die Jury lapidar. Léon Wohlhage Wernik Architekten aus Berlin (ein 2. Preis) entwarfen eine viergeschossige, schmale Halle für das Museum. Die Viertplatzierten pmp Architekten Propst Meyer Partner aus München machten ein in Nord-Süd-Richtung mittig in den Grundriss eingestelltes Treppenhaus zum architektonischen Leitthema. Wie ein Schwert durchschneidet das Erschließungselement das Gebäude in ganzer Höhe. Der Entwurf der Dortmunder Matthias Schröder und Ralf Schulte-Ladbeck zeichnet sich durch eine erhebliche Erweiterung des Erdgeschosses zugunsten einer einladenden, gläsernen Lobby aus. Drei Ankäufe gingen an gildehaus.reich architekten aus Weimar, Kahlfeldt Architekten aus Berlin und Kiessler + Partner aus München.

—

Als Hauptproblem hat sich im Wettbewerb die Aufgabe herauskristallisiert, wie man die durchgängigen, eigentlich beliebig zu unterteilenden Geschossflächen miteinander in Beziehung setzt, damit nicht wie bei einem Bürohochhaus lauter isolierte Ebenen gestapelt werden, sondern ein räumliches Ganzes entstehen kann. Die Architekten haben diese Aufgabe mit der »Kunstvertikalen« gelöst, der seitlichen Erschließungshalle, die nun alle Ebenen vom Foyer bis hinauf zur »Kathedrale« unter dem Dach miteinander verbindet. Sie wartet sogar mit Fahrtreppen auf, die den Aufstieg zum Architekturerlebnis werden lassen. Ein weiterer Vorzug ihres Entwurfs ist der große, ungeteilte Oberlichtsaal, den sie als einziges Team anzubieten hatten. Er liegt im obersten Geschoss unter dem Dach des Annexes.

—

Nach weiteren Beurteilungen durch den Bauherrn und einem Verhandlungsverfahren wurden Gerber Architekten mit der weiteren Planung und der Bauleitung beauftragt. Im Nachhinein zeigte sich, dass der Entwurf von Gerber Architekten im Hinblick auf die späteren Änderungen des Nutzungskonzepts von einem reinen Museumsbau hin zu einem Kulturzentrum mit verschiedenen Nutzern eine glückliche Wahl war, denn mit dessen Erschließungskonzept konnte die neue Situation besser gemeistert werden als mit den anderen Vorschlägen.

Aufnahmen für den Wettbewerb 2006:
Kathedrale, Kunstvertikale, Oberlichtsaal

Erdgeschoss

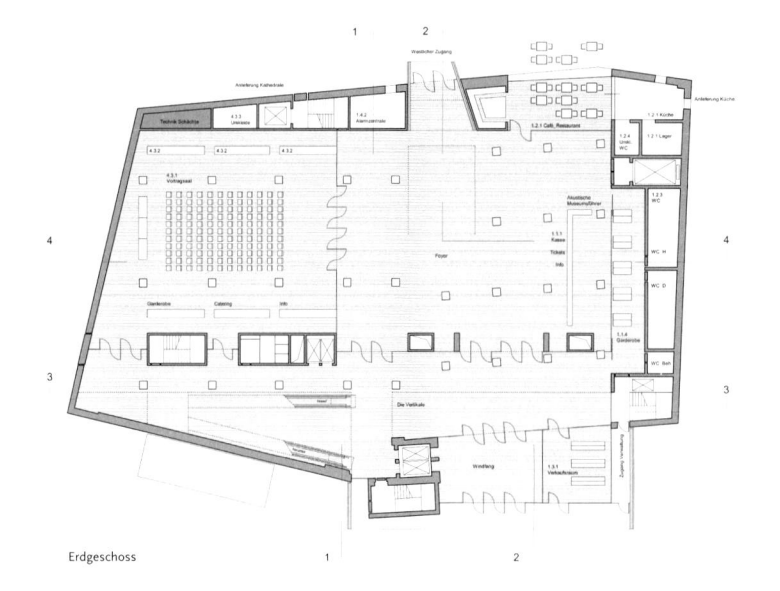

1.Obergeschoss

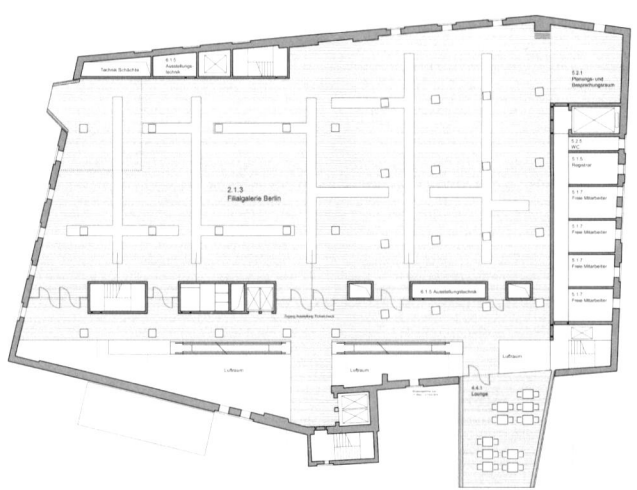

4.Obergeschoss

NEUE PLÄNE

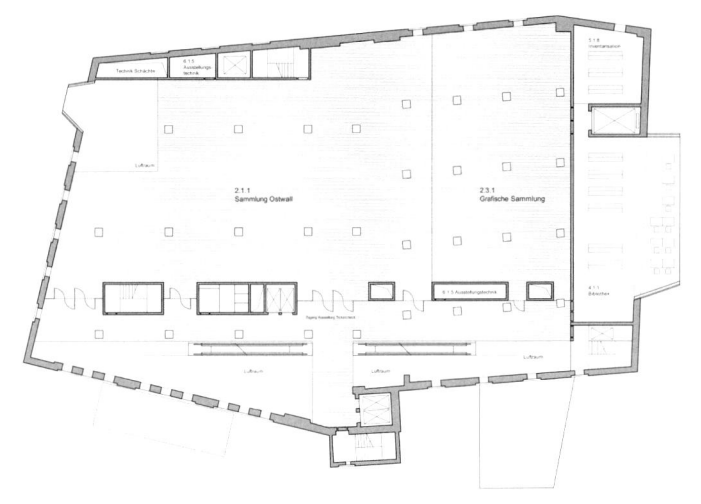

5. Obergeschoss

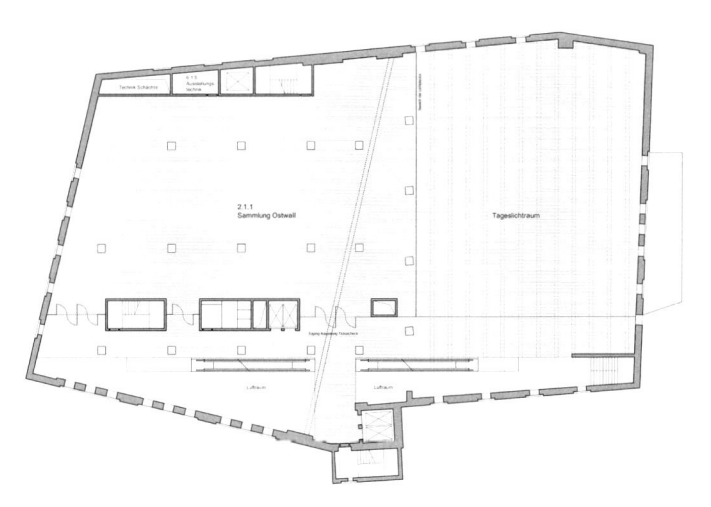

6. Obergeschoss

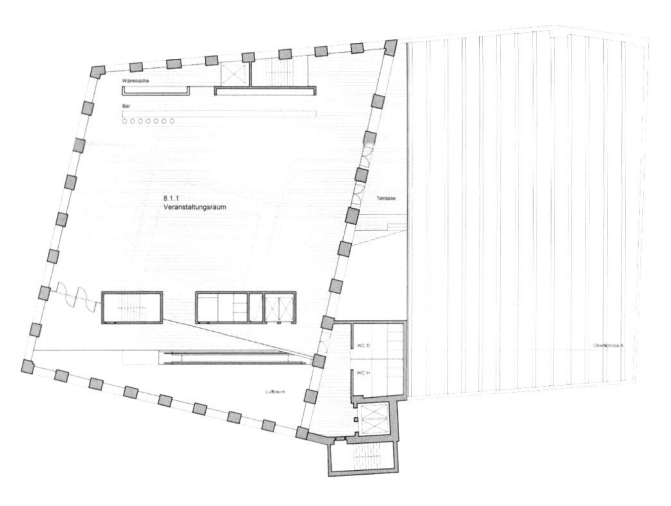

7. Obergeschoss

Grundrisse, Wettbewerb 2006

TRAGEN UND LASTEN
DIE ERTÜCHTIGUNG DES HISTORISCHEN TRAGWERKS

Links:
Westfassade vor Abriss des
Aufzugsturms, Januar 2008

Oben rechts:
Freigelegter Bewehrungsstahl,
März 2009

Mitte rechts:
Kellergewölbe mit eingezogenen
temporären Zugstangen, Oktober 2009

Unten rechts:
Betonschäden an einer
Geschossdecke, April 2009

Links und rechts sanken Sudhaus und Eisgenerator, Lager und Direktion in Trümmer, doch das Kellerhochhaus inmitten des Brauereigeländes, das später sogenannte Dortmunder U, überstand den verheerenden Bombenhagel im März 1945 mit nur marginalen Schäden. Es muss wohl ein sehr stabiler Bau sein, denkt der Laie. Doch nichts ist für die Ewigkeit gebaut. Das wird deutlich, wenn Fachingenieure ein solches Bauwerk unter die Lupe nehmen. Eisen rostet, Beton verliert an Festigkeit und bröckelt, Mauerwerk wird marode. Selbst ein Stahlbetontragwerk, das für die hohen Belastungen durch Tanks und Bottiche ausgelegt war, muss nach 80 Jahren einer Prüfung unterzogen werden.

—

Die Ingenieure des Büros ProfessorPfeiferundPartner besorgten sich zunächst die alten Baupläne und die komplett vorliegenden statischen Berechnungen, eine große Hilfe für ihre Arbeit. Nur die Schal- und Bewehrungspläne der Betonbauer waren nicht mehr aufzufinden. Erste Maßnahme der Ingenieure nach dem Rückbau des Bauwerks gewissermaßen in seinen Rohbauzustand war, das Tragwerk des Betonskelettbaus auf seine Solidität zu untersuchen. Dazu waren bereits im Rahmen eines zuvor erstellten Gutachtens Dutzende Materialproben in Form von Bohrkernen genommen und »abgedrückt«, das heißt auf ihre Druckfestigkeit geprüft und die Ergebnisse den Ingenieuren zur Verfügung gestellt worden. Die ermittelten Festigkeitswerte entsprachen darin denen eines heutigen Betons der Güteklasse B25 bis B35 (nach neuer Normengeneration C20/25 bis C30/37), durchaus hinreichend also, wenn er im Zuge der weiteren Planung und der Baumaßnahme durchgängig so angetroffen worden wäre. Doch die Realität sah anders aus, denn überall im Gebäude gab es neben soliden Bauteilen »Ausreißer« in erheblichem Umfang, mussten deshalb viele Betonbauteile saniert und ertüchtigt werden.

Oben:
Erker an der Ostfassade,
Frühjahr 2010

Links:
Durchbruch der Kunstvertikalen
mit verstärkter Ostwand

Die Kathedrale vor Beginn der Bauarbeiten, 2008

Im Untergrund gab es für die Tragwerksplaner Handlungsbedarf bei den Kellergewölben, die älter sind als das Hochhaus selbst. Manchen Gewölbewänden fehlte gar das Streifenfundament. An mehreren Stellen mussten die Tonnengewölbe durchbrochen werden, um Schächte, Aufzüge und Treppentürme hindurchführen zu können. Bei einem Bogen als Tragwerk ist jedoch jeder einzelne Stein gleichermaßen wichtig (nicht nur der sogenannte »Schlussstein«, wie oft behauptet wird), sodass ein Durchstoßen spezielle Ertüchtigungsmaßnahmen nach sich ziehen muss. Zudem wurde die Aufschüttung und damit die Auflast auf den Gewölben entfernt, was deren statische Verhältnisse ändert. Stählerne temporäre Zugbänder wurden an zahlreichen Stellen eingezogen, die während der Baumaßnahmen für Stabilität sorgten.
—
»Das kriegen wir schon hin«, beschieden die Ingenieure den Architekten, als die ihre Idee vortrugen, die jeweils östlichen Deckenfelder in allen Geschossen herauszunehmen, um die »Kunstvertikale«, die haushohe Erschließungshalle als Entwurfsidee dem Wettbewerb zugrunde zu legen. Denn dadurch verlor die Ostwand auf 40 Meter Höhe und 20 Meter Breite ihre Verankerung an den Decken und stand frei. Sie musste also gegen Winddruck stabilisiert werden. Als kinderleicht erwies sich die Aufgabe in der Tat nicht, aber sie erwies sich tatsächlich als machbar. Die Verstärkung durch Stahlprofile reichte nicht aus, und so griff man zu einer ungewöhnlichen Maßnahme. Der benachbarte Neubau wurde nochmals nachgerechnet und hatte statische Reserven. Kurzerhand wurde die Ostwand des Dortmunder U an fünf Stellen an den Nachbarbau angedockt. Der übernimmt also Stützfunktionen für den Fall, dass Horizontalkräfte abgeleitet werden müssen. Solche Verhältnisse bedürfen allerdings der rechtlichen Absicherung, das heißt, sie müssen als Grundlast ins Grundbuch eingetragen werden. Entlang der alten Bestandsdecken wurden teilweise neue Stahlträger zur Deckenrandeinfassung und vor allem zur Auflagerung für die 13 Fahrtreppen eingebracht.

42 Skizze:
Isometrie des Kathedralentragwerks
(neue Bauteile blau)

Unten:
Die Kathedrale kurz vor Vollendung
der Bauarbeiten, 2010

Rechts:
Sanierung des
Kathedralentragwerks, 2010

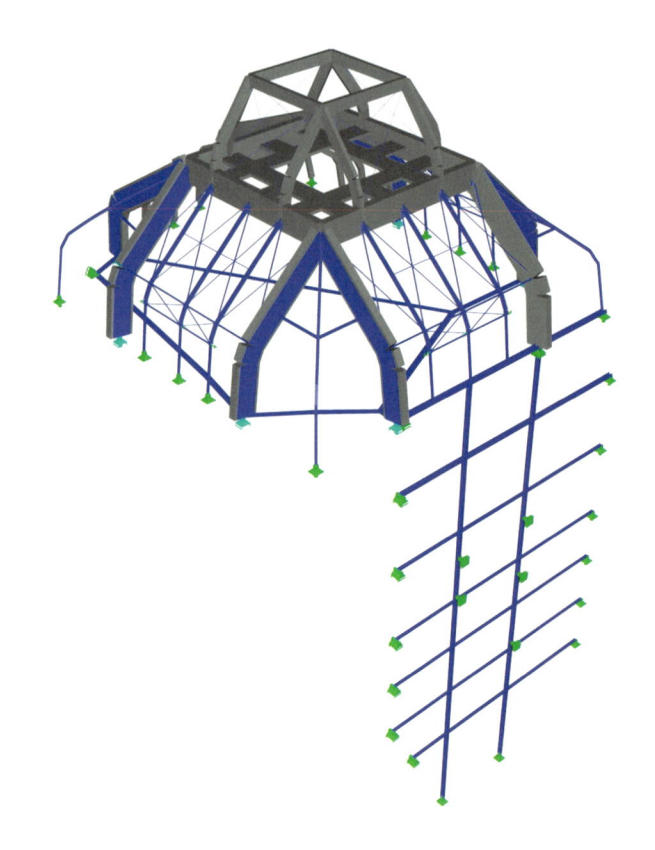

Zustand vor und während der Sanierung des Kathedralentragwerks, 2010

Weitere Windlasten, Vertikalkräfte wurden auch von den zum Teil weit ausladenden Erkern in die Konstruktion eingetragen. Um die Kräfte möglichst gering zu halten, wurden die Erker als leichte Stahlkonstruktionen ausgeführt.

—

Richtig ausleben konnten sich die Ingenieure in der »Kathedrale« unter dem Turmdach. Zunächst wurde das Stahlträgergerüst begutachtet, das 1968 in die Kathedrale gestellt wurde, um die nicht unerheblichen Lasten des 10,60 Meter hohen U auf der Turmspitze aufzunehmen. Das mitten im Raum stehende Gerüst stand einer Nutzung der Kathedrale natürlich im Weg. Die Frage, ob man auf das Gerüst auch verzichten könne, beantworteten die Ingenieure schon während des Architektenwettbewerbs positiv, nachdem sie die historische Konstruktion neu berechnet und festgestellt hatten, dass sie die zusätzliche Last aufnehmen kann – und dies obwohl aufgrund der neuen Deckenöffnungen für die Kunstvertikale das Zugband eines der vier Hauptrahmen entfernt wurde. Dieser Rahmen sollte sich stattdessen geringfügig absenken und auf die beiden rechtwinklig dazu verlaufenden Rahmen abstützen.

—

Die Standsicherheit historischer Tragwerke können die Ingenieure heute, anders als ihre Vorväter, mit sehr viel feineren Berechnungsmethoden nachweisen. Auch bei der Bewehrung können unter Ausnutzung der heute zulässigen Bemessungsmethoden Steigerungen der rechnerischen Tragfähigkeit erzielt werden, wenn die Betongüte über Messungen beziehungsweise Versuche nachgewiesen ist. In dieser Hinsicht gab es freilich böse Überraschungen, die dann doch Verstärkungen der Stahlbetonrahmenträger notwendig machten. Dazu wurden sie »geschient«, das heißt mit 2 Zentimeter starken »Korsageblechen« verbolzt. All diese Maßnahmen verschwinden unter der auch aus Feuerschutzgründen notwendigen Putzschicht, die alle Unebenheiten gnädig zudeckt. Zusätzlich wurden die verstärkten Stützenfüße durch auf die Decke geankerte Stahlbänder miteinander zugfest verbunden.

—

Als die 10 Zentimeter dünnen Betonplatten des von den Rahmen getragenen Kathedralendachs beim Sandstrahlen zum Teil in ihre Bestandteile zerbröselten, war klar, dass man sie abbrechen musste – und darüber hinaus einen großen Teil der Nebenrahmenträger. An ihrer Stelle wurde eine leichte Stahlkonstruktion eingesetzt und mit Gipskartonplatten verkleidet, womit eine nahezu identische Kubatur und das gleiche Erscheinungsbild wie bei der Betonkonstruktion erreicht werden konnte.

—

Die Denkmalpfleger waren zufrieden und die Architekten konnten sich daran machen, den Innenraum der Kathedrale als attraktiven Veranstaltungsort auszustatten.

HAND IN HAND
DIE ARBEITEN AUF DER BAUSTELLE

Keinen allzu erfreulichen Anblick bot das Bauwerk, als die Architekten sich seiner nach langer Vorplanung annehmen konnten. Reichlich »Patina« am aufgehenden Mauerwerk und ein Patchwork an Putz- und Mauerresten dort, wo einst Sudhäuser, Flaschenkeller und Maschinenhaus angebaut waren, verunzierten das doch so stattliche Bauwerk.

—

Die Arbeit begann mit der »Dach- und Fachsanierung«, das heißt zunächst mit Sicherungsarbeiten an Dach und Fassaden. Später wurden die Fassaden einer eingehenden Untersuchung und Vermessung per Laserscanner unterzogen, um die Fehlstellen und Risse sanieren zu können. Einzige Nutzer des Hauses waren damals ein Pärchen Turmfalken. Deren Schonung war sogar als Auflage in der Baugenehmigung formuliert. Für sie wurden eigens Einfluglöcher im Gerüst freigehalten. Von den Bauarbeiten haben sie sich nicht stören lassen. Die beiden Nistlöcher der Falken blieben erhalten in der Hoffnung, dass sie weiterhin gebraucht werden.

—

Parallel zu den Sicherungsarbeiten wurde allerlei abgerissen. Der Vierkammer-Malzsilo in der Nordwestecke des Annexes befand sich in einem bedenklichen Zustand und musste aus Sicherheitsgründen gleich zu Anfang abgebaut werden. Auch der in den 50er-Jahren an der Westseite angefügte Aufzugsturm wurde nicht mehr gebraucht. Den Ausbau der Brauereitechnik hatten in der Zeit des Leerstands großenteils Metalldiebe erledigt. Viele spätere Ein- und Umbauten, Unterdecken und zum Teil mehrere Generationen von Bodenaufbauten wurden ausgeräumt. Bis der Bau auf seine Rohbausubstanz zurückgeführt war, gab es zahlreiche, meist unliebsame Überraschungen. Der Erdgeschossboden zum Beispiel war eine »Wundertüte«. Über den Kellergewölben waren verschiedene Schichten abzutragen, darunter zwei Meter einer Art Lehm, der wegen seiner Feuchtigkeit nicht bleiben konnte.

—

Das Dortmunder U steht auf felsigem, doch schmierig-lehmigem Untergrund – keine gute Voraussetzung für trockene Keller. Bei der Lagerung von Bierfässern stellte dies kein Problem dar, doch hier soll nun Kunst im Museumsdepot aufbewahrt werden. Also sägten die Bauleute sämtliche Wände und Stützen des Riesenbaus mit diamantbesetzten Stahlseilen knapp über dem Boden horizontal durch und brachten Stück für Stück eine Sperrschicht aus Kunststoff gegen die aufsteigende Feuchtigkeit ein. Die Kellerböden wurden nivelliert, mit einer Betonauflage versehen und abgedichtet.

—

Als die Bauleute die Fundamente der Ostwand freilegten, erwartete sie eine neuerliche Überraschung. Sie fanden statt der in den Plänen eingezeichneten 1,20 Meter starken Wand nur eine wenig Vertrauen erweckende dreischalige Sparversion mit 40 Zentimeter breiten Zwischenräumen vor. Die Stabilisierung des Unterbaus nahm acht Wochen in Anspruch und verzögerte den Durchbruch der Fassadenöffnung für den Erker. Und schon waren wieder seitenweise penibelste Planungen des Bauablaufs Makulatur.

—

Terminplanung und Koordination waren denn auch angesichts des enormen Termindrucks die bedeutendste Herausforderung für die Planer und die Bauleitung. Während die Treppenhäuser zum Beispiel von unten nach oben betoniert werden mussten, unter sorgfältiger Abspriesung aller Decken im Umkreis, wurden die Deckendurchbrüche der Kunstvertikale nebenan fortschreitend von oben nach unten vorgenommen. Nicht ohne gleichzeitige Stabilisierung der gesamten Ostwand, die nach den Abbrüchen der anbindenden Decken ohne Horizontalaussteifung war.

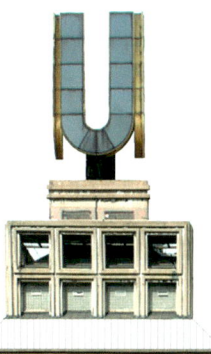

Oben:
Bestandsaufnahme der
Gebäude-Ostseite aus dem
Jahr 2003

Unten:
Ansicht von Westen, 2008

Seite 48/49:
Freilegung und Sicherung des
Tragwerks im Erdgeschoss, 2009

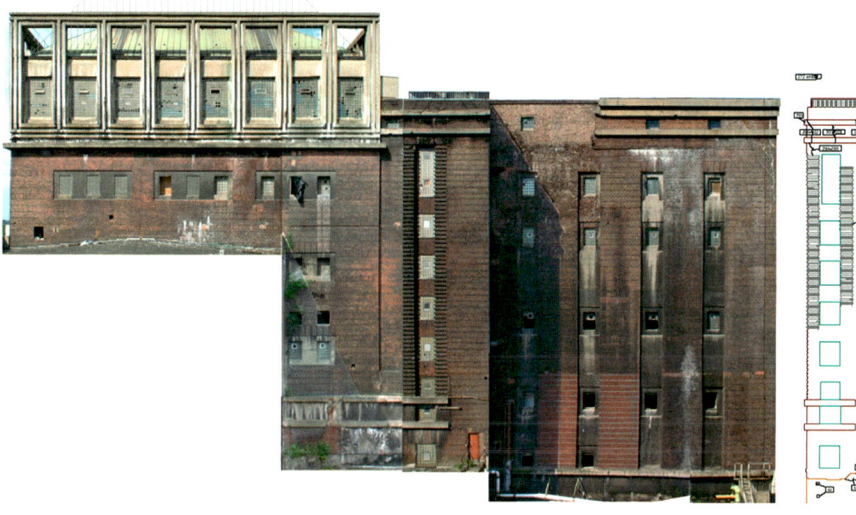

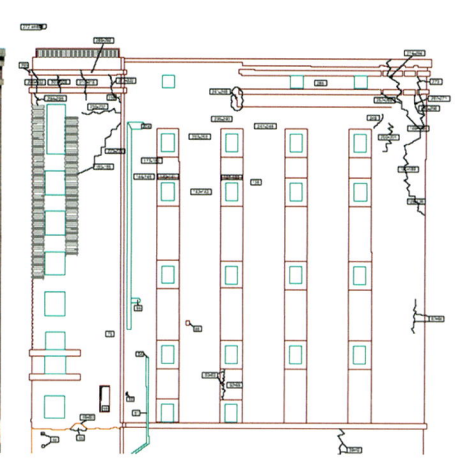

Freilegung der Kellergewölbe und Einbau der Sperrschicht, 2010

Die Deckendurchbrüche auch für die Treppenhäuser konnte nur die Rohbaufirma machen, da immer gleichzeitig stabilisiert werden musste. Ohnehin wurden die Betondeckenträger im ganzen Haus einer Betonsanierung unterzogen, das heißt abgestrahlt, die Eisen und Bruchstellen grundiert und mit einem speziellen Spritzbeton wieder geschlossen.

—

Als Ort der Überraschungen erwies sich auch die »Kathedrale«. Nicht nur, dass die Betonbinder sich stellenweise als recht kariös erwiesen. Als man die Betondächer abstrahlte, taten sich große Löcher auf und nur verbogene Armierungseisen blieben übrig. Am Ende mussten die Dächer zwischen den Betonbindern komplett ersetzt werden. Unglücklicherweise waren diese Arbeiten mitten im harten Winter 2007/08 zu erledigen, denn es half alles nichts, das Dach musste geschlossen werden. Also wurden die Kathedralbogen während der Sanierung eingepackt und beheizt.

Großes leisteten unterdessen die Vergolder, die das U an der Spitze des Bauwerks an Ort und Stelle mit einer neuen Blattgoldauflage versahen. Auch sie arbeiteten auf eingehauster und beheizter Baustelle. Ihr Ehrgeiz, das U bis Weihnachten 2008 wieder zum Strahlen zu bringen, war derart angestachelt, dass sie sogar in 60 Metern Höhe ihre Schlafsäcke ausrollten und auf dem Gerüst nächtigten. Aber sie schafften es, und pünktlich zum Weihnachtsfest konnte Oberbürgermeister Langemeyer auf den berühmten roten Knopf drücken und das U zum Aufleuchten bringen. Freilich musste oben am Turm ein Bauarbeiter fernmündlich gesteuert zeitgleich den Stecker einstecken, denn die Leitungen nach oben waren natürlich noch nicht gelegt …

Oben links / rechts:
Temporäre Sicherung der
Geschossdecken bei Durchbruch
der Kunstvertikalen, 2009

Unten:
Aufbringen des neuen Brand-
schutzes auf die Stahlträger
im Erdgeschoss, 2010

Oben:
Kathedralentragwerk während
der Sanierungsarbeiten, 2009

Unten:
Blick in die 3. Etage, 2010

Oben:
Oberlichtsaal während der Bauarbeiten, 2010

Unten:
Historische 6. Etage vor der Entfernung des Dachtragwerks, 2008

Nebenan im Obergeschoss des Annexes wurden unterdes für den großen Oberlichtsaal Deckenträger montiert. Zuvor hatte die örtliche Presse gerätselt, wofür wohl die riesigen, 30 Meter langen Träger bestimmt seien, die irgendwo in der Stadt zwischengeparkt waren.

—

Mit großen Lasten wurde auch für die Kunstvertikale jongliert. 9 Tonnen wiegt jede der Fahrtreppen, die etwas spät aus der Türkei angeliefert wurden und die man irgendwie ins Haus befördern musste. Ein »Hügelgrab« wurde vor der Nordwand aufgeschüttet, die Fahrtreppen mit einer Kranstafette dorthin gebracht und mit Gabelstaplern ins Innere bugsiert. Per Flaschenzug ging's dann nach oben, wo die Teile mit großer Genauigkeit auf ihre Auflager platziert werden mussten. 14 Tage Adrenalinkur war garantiert.

—

Auch beim weiteren Ausbau der Geschosse für die unterschiedlichen Nutzer wurde den Bauleuten nicht langweilig. Die Nutzer sind Protagonisten von Kunst- und Kreativität – und von ähnlich unkonventioneller Mentalität wie die Künstler – und verlangten den Bauleuten viel Flexibilität ab. Über mangelnden Zuspruch und Interesse konnten sie sich jedoch nicht beklagen. Ständig standen mehr oder weniger prominente Besucher vor dem Baubüro und wollten geführt werden, stellten Journalisten neugierige Fragen und verfolgten Kamerateams den Fortgang der Arbeiten. Man hätte einen Mann eigens dafür abstellen können, wären nicht jede Hand und jeder Kopf gebraucht worden, um das Projekt termingerecht übergeben zu können. »Baustellenromantik« konnte jedenfalls nicht aufkommen.

Rechts:
Das eingerüstete Gebäude,
Anfang 2010

RAUM UND LICHT
DIE NEUE ARCHITEKTUR VON GERBER ARCHITEKTEN

Es gibt nicht wenige Architekten, die ein solch komplexes Projekt mit jeder Menge Vorgaben und Einschränkungen dem vermeintlich leichteren »Bauen auf der grünen Wiese« vorziehen. Das Team von Gerber Architekten, in Dortmund beheimatet und mit der Stadt und dem Ort wohlvertraut, machte sich nach gewonnenem internationalem Wettbewerb mit Engagement an die Arbeit.

—

Dortmund hatte sich fast schon an den Anblick des schrundigen, eher unansehnlichen Kolosses gewöhnt, mit dem monumentalen »U« auf der Spitze einst stolzes Wahrzeichen der Stadt, nun einsames Relikt mitten in der Wüstenei des abgeräumten Industrieareals westlich des Hauptbahnhofs. Beeindruckend und abschreckend zugleich stand es recht sperrig in der unwirtlichen Gegend. Die Aufgabe, das Innere dieses eigenwilligen Überbleibsels Dortmunder Brauereitradition mit den sieben nur spärlich belichteten Geschossen zu einem publikumswirksamen Kunst- und Kreativzentrum umzubauen, war gewiss nicht leicht.

—

Anfang 2008 konnten die Arbeiten mit der Sanierung der Fassaden und der Erneuerung der Dächer nach denkmalpflegerischen Gesichtspunkten beginnen. Die äußerliche Verjüngungskur zeigte Wirkung. Durch das Entfernen von An- und Umbauspuren und die Auffrischung der Fassaden kommt das Gebäude wieder in seiner ursprünglichen Qualität und Würde zur Geltung. Mit dem Abriss aller umgebenden Bauten ist ihm allerdings eine enorme städtebauliche Dominanz zugewachsen, die es zuvor nie gehabt hatte und die sich erst mit der Neubebauung des Umfeldes relativieren wird.

—

Dass mit dem Gebäude etwas Bedeutsames geschehen ist, wollten die Architekten auch nach außen zeigen. So sind für den Umbauentwurf die dem hermetisch wirkenden Altbau mutig angefügten Bauteile ganz entscheidend. Sie signalisieren neue Inhalte und die Öffnung des Kunst- und Kreativzentrums gegenüber der Stadt. Sie bringen mehr Licht ins Innere und sie bieten Platz für besondere Funktionen, ob im Erdgeschoss der gläserne Vorbau, der die Funktion eines Windfangs erfüllt und Platz für einen Museumsshop bietet, ob der schmale, dreigeschossige Glaserker an der Westseite als Museumscafé, ob die VIP-Lounge, die im 4. Obergeschoss als Ausguck aus der Fassade drängt, oder die im 5. Obergeschoss auskragende zweigeschossige Bibliothek. Sie alle signalisieren nach außen, dass ein neuer Geist in dem alten Gemäuer Einzug gehalten hat.

—

Während die Museums- und Medienleute über das spärliche Tageslicht durch die kleinen Fensteröffnungen des Altbaus nicht gerade unglücklich sind, da sie ohnehin gerne mit kontrolliertem, künstlichem Licht arbeiten, finden Besucher und auch die Baukünstler Licht, Luft und Raumeindrücke normalerweise eher sympathisch. Gerber Architekten fanden jedoch einen Weg, Großzügigkeit einzubringen und das Haus in seiner Gänze erlebbar zu machen. Sie schlugen vor, entlang der Ostseite in allen Geschossen jeweils zwei Öffnungen in die Decken zu brechen, also die erste Reihe der Deckenfelder herauszunehmen, und auf diese Weise zwischen der Außenwand und den Etagen eine gebäudehohe Halle zu gewinnen. Das entstandene Raumkontinuum nannten sie »Kunstvertikale«, weil es alle der bildenden Kunst gewidmeten Ebenen des geplanten Museumsbaus miteinander verbindet. Mittlerweile hat sich die Nutzung zum Teil geändert, und die Kunstvertikale erschließt und setzt Künste verschiedener Genres, bildende Kunst, Videokunst, darstellende Kunst, Musik und andere räumlich miteinander in Beziehung.

Ansicht von Süden

Zudem ermöglicht sie den Besuchern, die Dimensionen und die Präsenz des historischen Bauwerks zu erleben. Die Halle schafft also eine optische und physische Verbindung der Ebenen und der Institutionen miteinander, eine Voraussetzung für die gewünschten Synergieeffekte und die multifunktionale Nutzung des Gebäudes.

—

Das Publikum ist nun eingeladen, die neuen Dimensionen zu erleben und den neuen Geist zu erspüren. Gleich nach dem Durchqueren des blutroten Windfangs und dem Eintreten in die Halle bekommt der Besucher einen Eindruck vom Inneren des gesamten Hauses. Die Kunstvertikale öffnet sich nach oben, der Blick wird magisch in die Höhe gezogen. Fahrtreppen bieten sich als bequeme Möglichkeit an, die oberen Geschosse zu erkunden.

—

Doch zunächst führt der Weg geradeaus in die Erdgeschosshalle, ein Foyer, Marktplatz, Orientierungspunkt zugleich, aber auch ein erster Kunstort, an dem die Projektionen einer Panoramabilderkette von Adolf Winkelmann auf die Inhalte des Kulturspeichers einstimmen. Links geht es zum RWE Forum, einem Auditorium, das von einem Verein als Programmkino genutzt wird, rechts die Garderobe, geradeaus das Bistro/Café. Der Platz auf der Westseite vor dem Café ist nach Emil Moog, dem Architekten des Kellerhochhauses benannt.

—

Die Fahrt aus dem Foyer per Fahrtreppe nach oben in einer Sphäre zwischen der bis ins Dachgeschoss aufstrebenden Außenwand und den von kraftvollen Betonpfeilern und Deckenbalken getragenen, modern ausgebauten Geschossen wird zum besonderen Architekturerlebnis. Das 1. Obergeschoss (Ebene 1) ist den Dortmunder Hochschulen vorbehalten. Die Technische Universität und die Fachhochschule sind hier mit ihren medienspezifischen Instituten vertreten. Zwei frei bespielbare zentrale Hallen sind umgeben von Büros und Seminarräumen. Wie die peripheren Räume hat auch der Medienraum im Zentrum durch gläserne Wände Kontakt zum Geschehen in den Aktionshallen.

—

Die Ebene 2 des Zentrums für Kulturelle Bildung, derzeit noch mit temporären Einbauten räumlich gegliedert, ist in der Ausbauplanung ähnlich organisiert, mit einem größeren Binnenraum und einem Vortragssaal im Zentrum sowie peripheren Büro- und Tagungsräumen, während die Ebene 3 des Hartware MedienKunstVereins (HMKV) von Einbauten weitgehend frei blieb und von temporären Boxen und Medieninstallationen besetzt wird.

—

Auf allen Ebenen wurde die Nordwand dazu genutzt, die Verwaltungen anzuordnen und die wenigen Fenster zur Belichtung der Büros zu nutzen. Auf den höheren, knapp sechs Meter messenden Ebenen 4 und 5 war sogar der Einbau von Zwischengeschossen möglich. Im Bereich des ehemaligen Silos fanden der Lastenaufzug und ein großer Versorgungsschacht ihren logischen Platz. Für einen weiteren, internen Aufzug ergab sich in der Nordostecke des Gebäudes eine günstige Lage.

—

Die Räume der Ebenen 4 und 5 mit ihren größeren Stockwerkshöhen beherbergen nun das Museum Ostwall. Das Entree bildet eine die beiden Stockwerke verbindende zweigeschossige Halle im Südteil des Turms, die eine interne Erschließung des Museums sicherstellt und dem Besucher eine leichtere Orientierung verschafft – einer der Lieblingsräume des Architekten Eckhard Gerber.

—

Die Raum-im-Raum-Konzeption der beiden Museumsetagen wurde von den Berliner Architekten Kuehn Malvezzi in Zusammenwirken mit dem Museumsdirektor maßgeschneidert für die Sammlung entwickelt. Weiße Wände bilden Kabinette in Form einzelner »Häuser«, zwischen denen »Gassen« verlaufen. Auf der oberen, weniger dicht besetzten Ebene sind es kleine »Plätze«, die für einzelne Kunstwerke ganz spezielle Situationen schaffen. Die »Häuser« behalten ihren Charakter als Einbauten, da sie nicht bis zur Decke reichen.

—

Ein Raum zur besonderen Verwendung ist die VIP-Lounge im neu angefügten, auskragenden Erker mit ihrer raumhohen Verglasung nach Osten zur Innenstadt hin. Der breitere, zweigeschossige Erker auf der oberen Museumsebene weist nach Norden. Die wunderbare Aussicht von den Leseplätzen in der Bibliothek aus wird so manchen Forscher von allzu konzentrierter Arbeit abhalten. Eine Wendeltreppe führt hinauf zur Galerie des Erkers und zum Magazin auf der Zwischengeschossebene.

—

Die Ebene 6 ist funktional nicht zwingend dem Museum Ostwall zugeordnet, sie wird von Museum, HMKV und anderen Partnern im U für Wechselausstellungen genutzt. Dazu steht im Turmbauteil ein durch die Stützen in drei Schiffe geteilter Saal zur Verfügung. Nebenan im Annex überrascht ein geräumiger Oberlichtsaal, der mit seinem blendfreien Nordlicht vielfältige Nutzungsmöglichkeiten eröffnet. Gerber Architekten haben die Chance genutzt, einen stützenfreien Saal von einer Größe zu schaffen, wie er sonst im Haus nicht existiert. Dies gelingt auf der nicht durch Stützenreihen darüberliegender Geschosse gestörten Dachebene durch selbsttragende, von der Ostwand zur Westwand spannende Dachträger. Das Oberlicht kommt durch die shedförmigen Dachelemente von Norden, wie es sich die Museumsleute wünschen. Am Nordrand des Saals gibt es noch ein Kabinett, das durch das von oben flutende Licht eine besondere Atmosphäre besitzt.

Die Ebene 7 gibt es nur im südlichen Teil, also im Bereich des Turms. Deren Raum wird wegen der interessanten, gewölbeartigen Binderkonstruktion »Kathedrale« genannt. Die Kunstvertikale lockt die Besucher bis hier unters Dach. Man erreicht die eindrucksvolle Lokalität über die Fahrtreppen, aber natürlich auch in Aufzügen. Die beiden geschlossenen Fluchttreppenhäuser und die Lifte treten als eingestellte Kuben nach dem Haus-im-Haus-Prinzip in Erscheinung, um den Raumeindruck in seiner Gesamtheit nicht zu stören. Durch die gastronomische Nutzung und die gute Erschließung ist es gelungen, den attraktiven Raum hinter der spektakulären Betonpergola der Öffentlichkeit zugänglich zu machen.

—

Früher waren die Fassaden der drei Staffelgeschosse des Kühlraums mit offenen Lamellen versehen. Heute ermöglichen Fensteröffnungen einen weiten Blick über die Stadt. Bei günstiger Witterung kann der Cappuccino sogar auf der Dachterrasse zwischen Turm und Annex eingenommen werden. Dort gibt es einen windgeschützten Bereich und, über die Terrassentreppe hinauf erreichbar, eine exponierte Plattform auf 44 Meter Höhe mit entsprechendem Rundblick über das umgebende Ruhrgebiet.

—

Als Aussichtsrestaurant und Nachclub VIEW verspricht der Kopf des U-Turms nicht nur ein prominenter und »angesagter« Ort in der Stadt zu werden. Er hat auch als Anziehungspunkt für das kulturell interessierte Publikum eine besondere Funktion im Nutzungsmix des Kunst- und Kreativzentrums und ist von den Architekten als solcher in das Funktionskonzept des Gebäudes eingebunden worden. VIEW ist architektonisch als Abschluss und Höhepunkt eines Besuchs im Dortmunder U inszeniert.

RAUM UND LICHT

Doch es lohnt sich auch, einen Blick in die Katakomben des Gebäudes zu werfen. Die eindrucksvollen Keller, lange, aneinander gereihte Tonnengewölbe, sind ja älter als der Bau selbst und gehören zu einem Kellersystem, das sich noch heute viel weiter als das Kellerhochhaus ausdehnt. Statt der Bierfässer sind nun in den trocken gelegten und aufwendig klimatisierten Kellern Regalsysteme untergebracht, in denen das Museum Ostwall seine Kunstwerke deponiert. Es handelt sich zwar nicht um Räume, die für den Besuch des Publikums vorgesehen sind, doch die Architekten haben auch hier versucht, soweit es die Technik erlaubte, die historischen Räume erlebbar zu machen. Vielleicht kommt einem künftigen Museumsdirektor die Idee, hier Schaulager einzurichten, das läge durchaus im Trend. Daneben gibt es noch Gewölbe mit allerlei Lagerflächen und Haustechnik.

—

Ein großer Vorzug ist die Möglichkeit der unterirdischen Anlieferung auf der Ebene 1. Die LKW gelangen durch eine Einfahrt von der Brinkhoffstraße her in die Keller bis zur Laderampe. Von dort aus können die Depots und der Lastenaufzug ohne Beeinträchtigung des Publikumsverkehrs beschickt und können die gastronomischen Betriebe versorgt werden.

—

Obwohl als weitere Attraktion des Dortmunder U wahrgenommen, gehörte das Gewölberestaurant, der frühere Auerbachs Keller, eigentlich nie zum Kellerhochhaus. Es lag außerhalb des Turmes, unter dem nicht mehr existierenden Sudhaus 1, und hatte in den 90er-Jahren einen eigenen Zugang in Form eines vor dem Hochhaus angeordneten gläsernen Eingangspavillons erhalten. Jetzt ist es in die funktionale Konzeption des Dortmunder U einbezogen. Ein umfangreicher Küchentrakt ist entstanden, der auch das RUBY im Foyer und das VIEW versorgt. Durch den Kunstgriff der Architekten, vor dem Gewölbe ein Atrium anzulegen, bekam der Keller eine verglaste, offene Seite mit Tageslicht und einen vorgelagerten Hof für gastronomisches Angebot im Freien.

—

Im Dortmunder U wurde ein architektonisch und baukünstlerisch schlüssiges Konzept realisiert, das für die unterschiedlichen Aktivitäten im Haus bestmögliche Verhältnisse bietet, sie dem Publikum leicht zugänglich macht und sie von den Depotkellern bis zum Dachcafé miteinander verbindet.

—

Das alte Gebäude erwies sich für die gewünschten Inhalte als gut geeignet. Dass sich die Nutzungen und Erschließungsanlagen wie selbstverständlich in das Gebäude fügten, ist freilich kein Indiz für eine besonders leichte Entwurfsaufgabe, sondern das Ergebnis intensivster und akribischer Entwurfsarbeit, die mit kaum geringeren Anstrengungen der Ingenieure und Techniker einherging. Schließlich können auch die Denkmalpfleger ihre Akte mit Befriedigung schließen, denn auch sie haben aus ihrer Sicht und im Interesse des Kulturdenkmals Dortmunder U ein Maximum erreichen können.

Ansicht von Süd-Westen

Links:
Westansicht

Rechts:
Westeingang und Café RUBY

Seite 64
Haupteingang Ostseite

Seite 65:
Ansicht von Nord-Osten

U
7 KATHEDRALE / BESUCHERTERRASSE
  DORTMUND U VIEWING TERRACE
  RESTAURANT VIEW

6 WECHSELAUSSTELLUNGEN OBERLICHTSAAL
  TEMPORARY EXHIBITIONS

5 MUSEUM OSTWALL
  AUSSTELLUNG / BIBLIOTHEK
  EXHIBITION / LIBRARY

4 MUSEUM OSTWALL
  AUSSTELLUNG
  EXHIBITION
  LAUTSPRECHER

3 HARTWARE MEDIENKUNSTVEREIN
  MEDIENKUNST / AUSSTELLUNGEN
  MEDIA ART EXHIBITIONS

2 ZENTRUM FÜR KULTURELLE BILDUNG
  CENTER FOR CULTURAL EDUCATION

  TECHNISCHE UNIVERSITÄT DORTMUND
  TU DORTMUND UNIVERSITY
1 FACHHOCHSCHULE DORTMUND
  DORTMUND UNIVERSITY OF APPLIED SCIENCES AND ARTS
  ZENTRALES FORSCHUNGSINSTITUT
  FÜR NEUMEDIALE STUDIEN DER
  FACHHOCHSCHULE DORTMUND

  KINO FORUM / KINO
  CINE FORUM / CINEMA
0 INFORMATION / TICKETS
  CAFÉ & BAR
  SHOP

Seite 66/67:
Eingang

Links/rechts:
Foyer

RAUM UND LICHT

RAUM UND LICHT

Fahrtreppe im Erdgeschoss

Blick in die »Kunstvertikale«

Blick in die Kunstvertikale

RAUM UND LICHT

Etagenflur

RAUM UND LICHT

Links/rechts:
Foyer Museum Ostwall

Seite 80/81:
Zweigeschossiges Museumsfoyer,
4. und 5. Etage

RAUM UND LICHT

Links:
Blick von der 5. Etage
ins Foyer

Rechts:
Deckenuntersicht
in der 5. Etage

Links:
Blick in die Museumssammlung

Rechts:
Medienstation im Eingangsbereich des Museums

Seite 86/87:
Sammlungspräsentation in der 4. Etage

RAUM UND LICHT

Bibliothekserker an der Nordseite

Seite 90–93:
Wechselausstellungsfläche/
Oberlichtsaal in der 6. Etage

RAUM UND LICHT

6. Etage, Blick nach Süd-Osten

RAUM UND LICHT

Aufgang in die Kathedrale

Blick in die Kathedrale

RAUM UND LICHT

Blick in die Kathedrale

Blick von der 4. Etage
in die Kunstvertikale

Foyer, Zugang zur Fahrtreppe

RAUM UND LICHT

Erker an der Westseite

Links/rechts:
Der Erkerraum »Lautsprecher«

Seite 110/111:
Ansicht von der Brinkhoffstraße

PLÄNE / GRUNDRISSE
MASSSTAB 1:500

Ebene U1
Depots, Technik
-7,52⁵

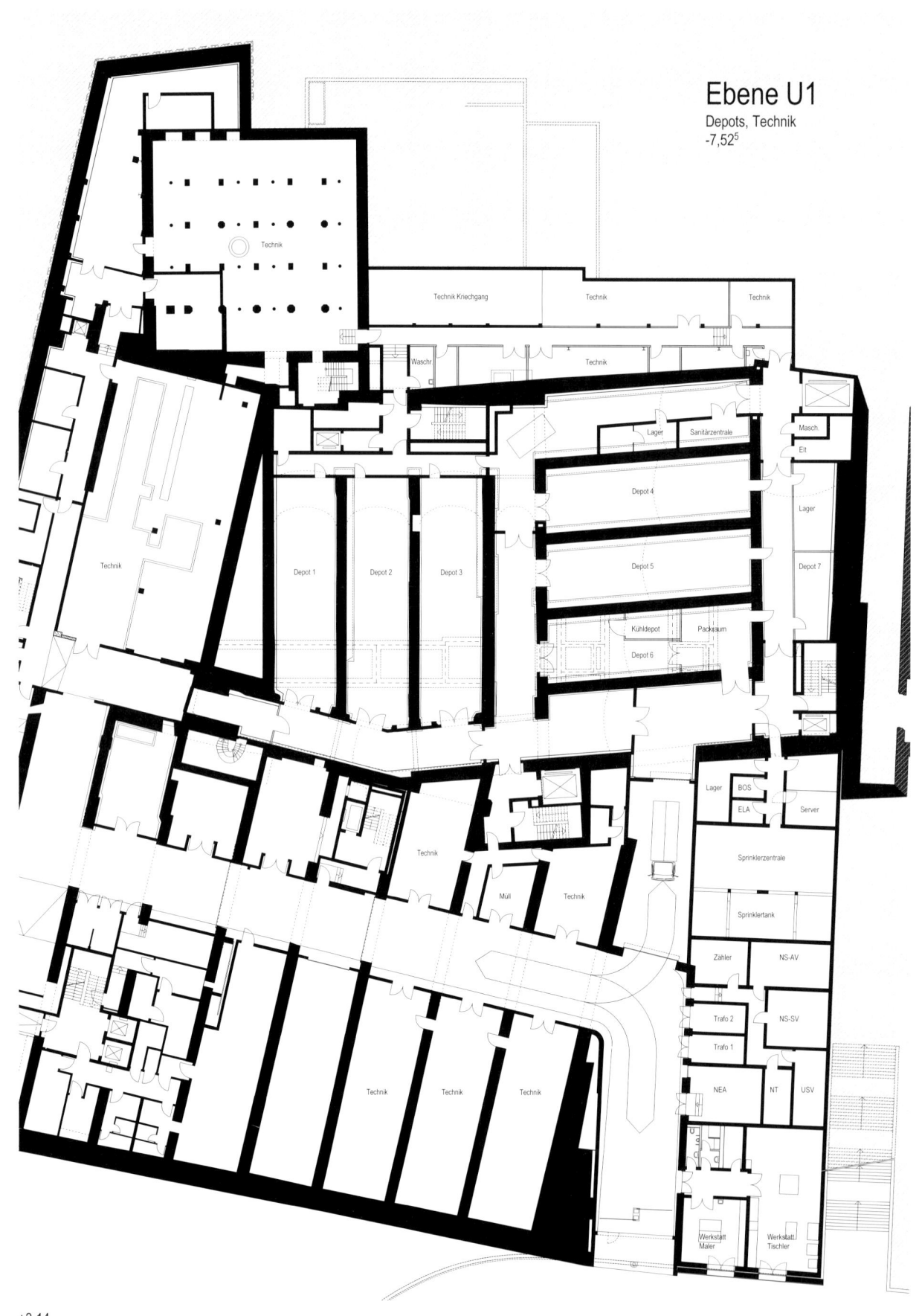

+3,14

PLÄNE / GRUNDRISSE

Ebene 0
Foyer, Kino, Cafe
±0,00

Grundrisse, 2010

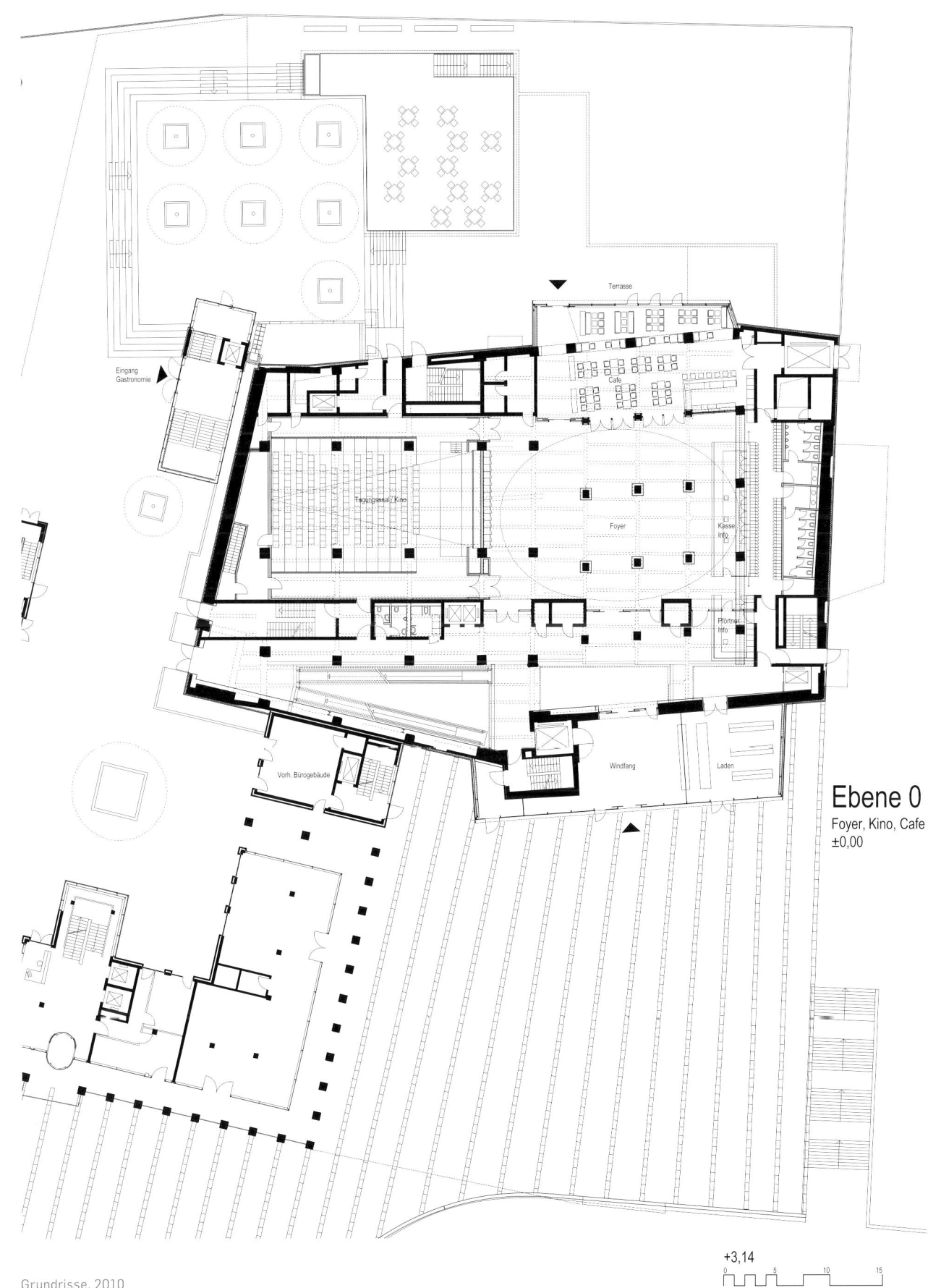

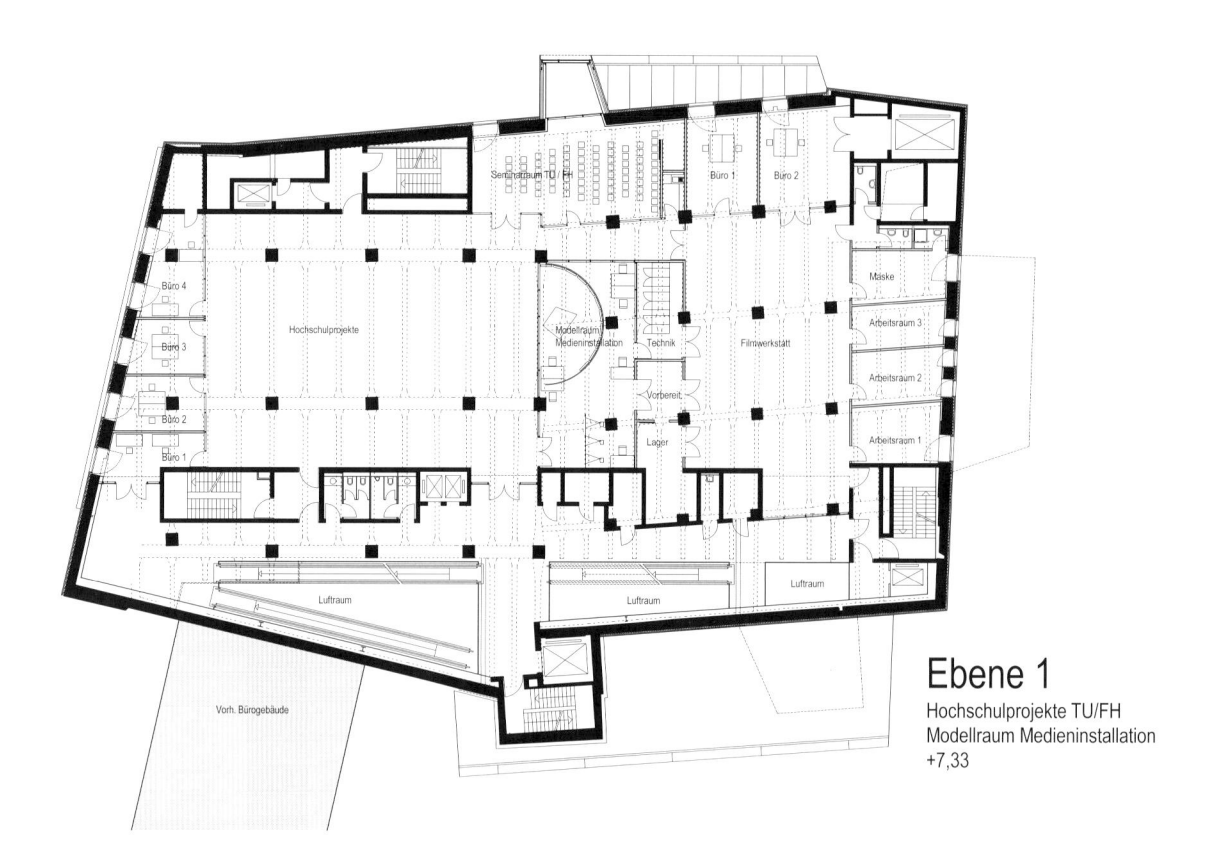

Ebene 1

Hochschulprojekte TU/FH
Modellraum Medieninstallation
+7,33

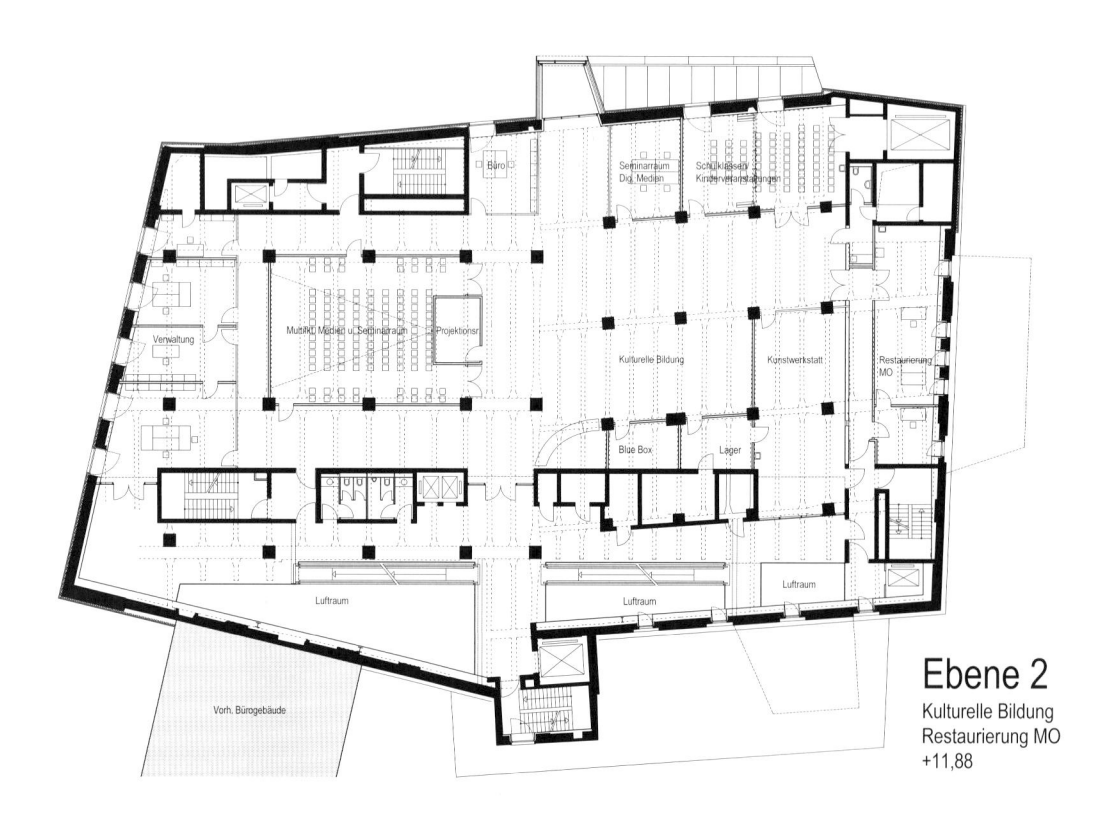

Ebene 2

Kulturelle Bildung
Restaurierung MO
+11,88

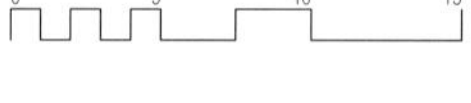

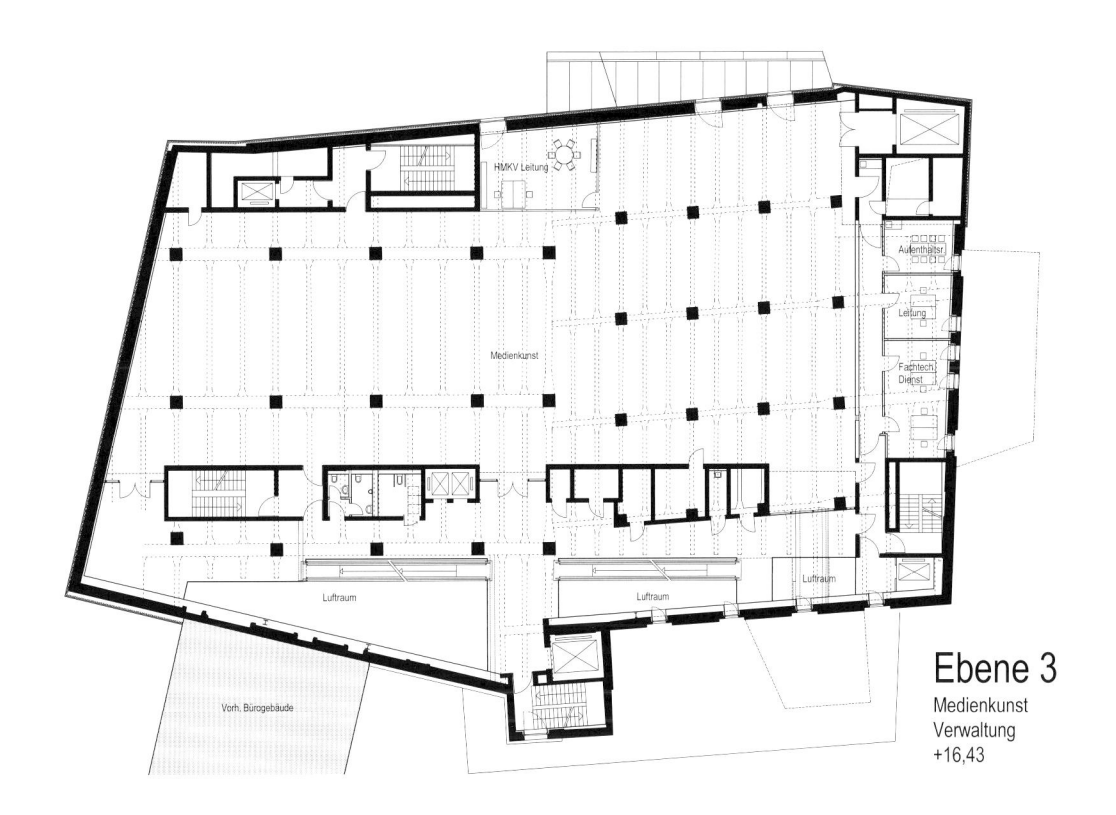

PLÄNE / GRUNDRISSE

Ebene 3
Medienkunst
Verwaltung
+16,43

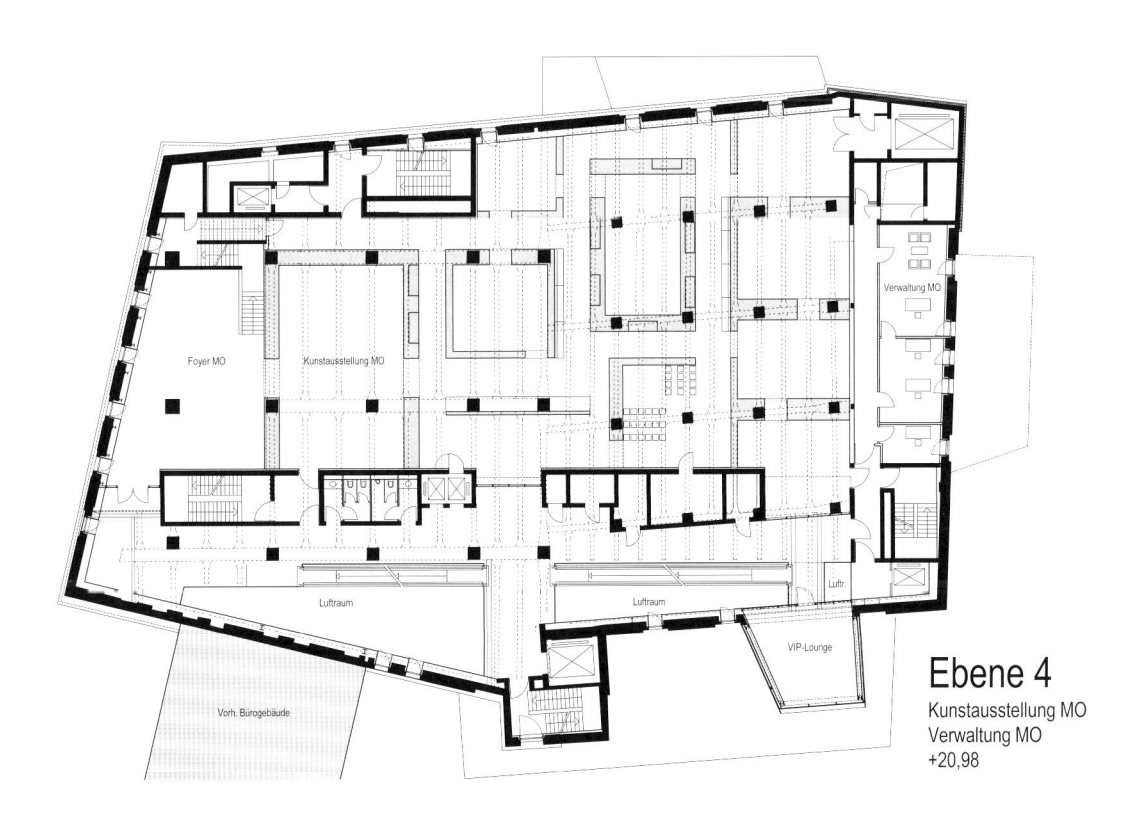

Ebene 4
Kunstausstellung MO
Verwaltung MO
+20,98

Grundrisse, 2010

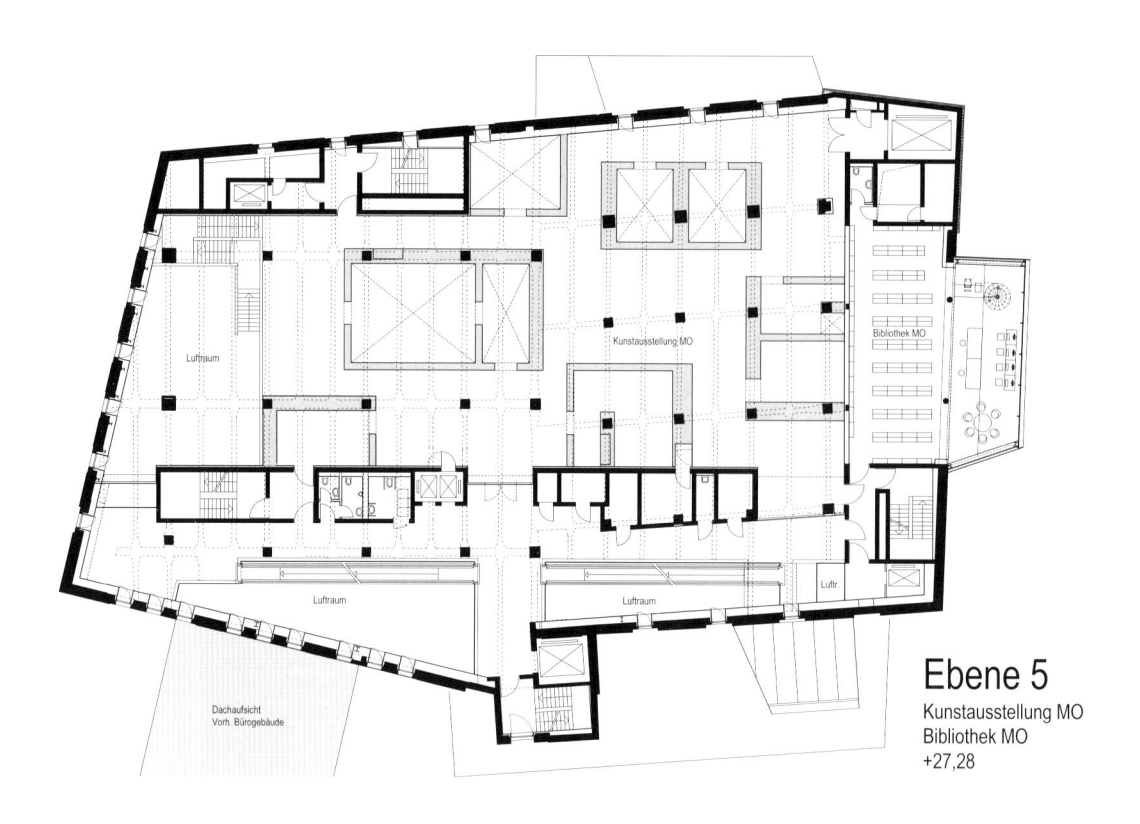

Ebene 5
Kunstausstellung MO
Bibliothek MO
+27,28

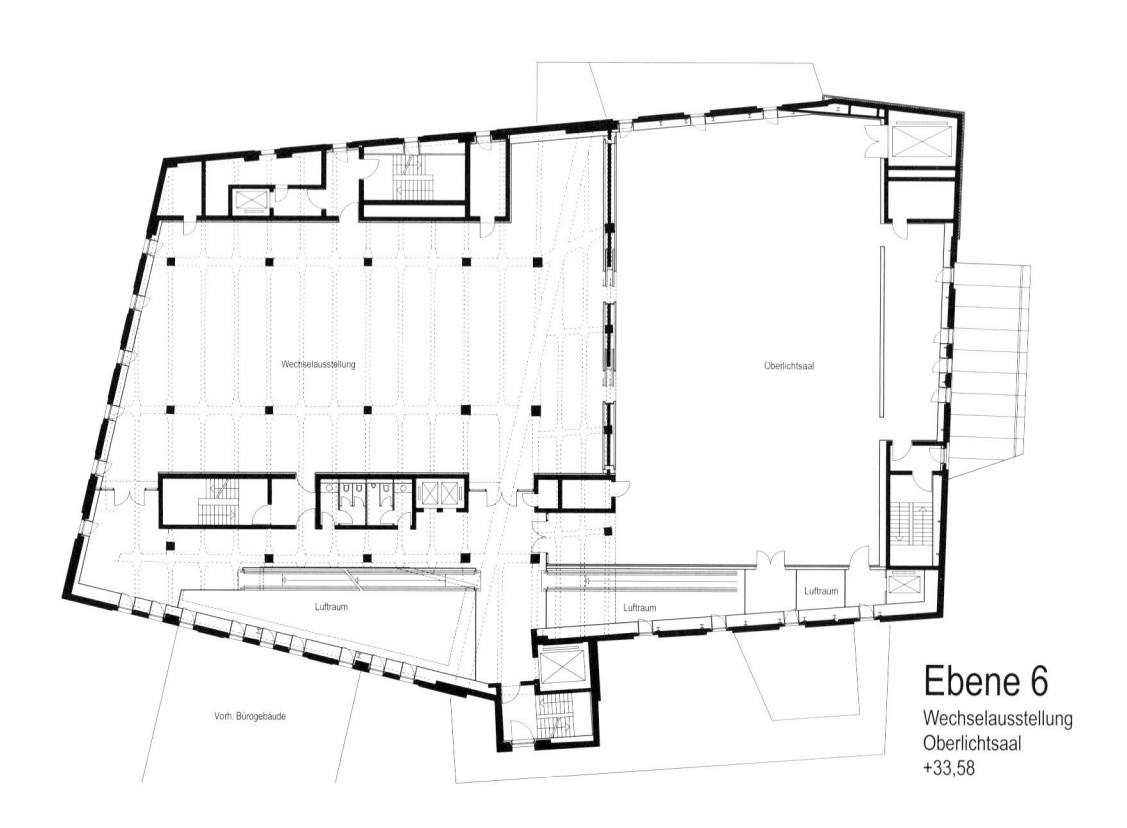

Ebene 6
Wechselausstellung
Oberlichtsaal
+33,58

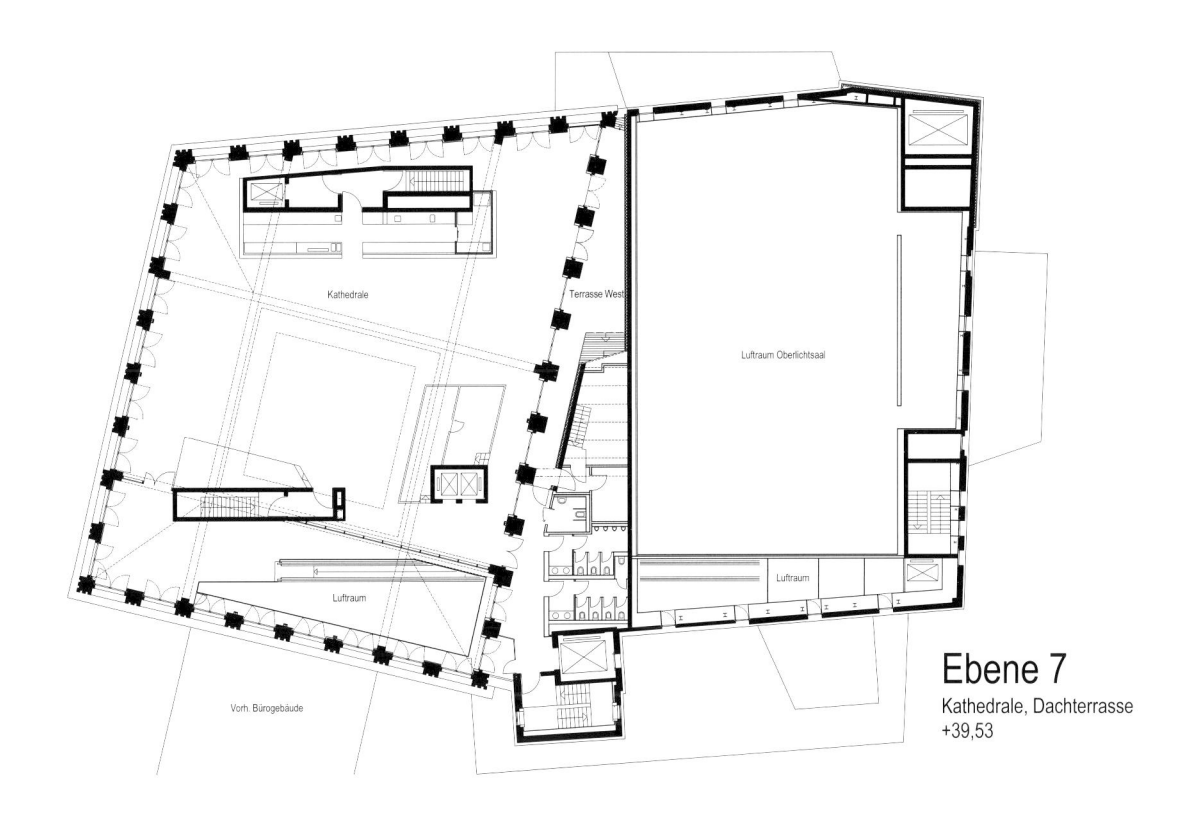

PLÄNE / GRUNDRISSE

Ebene 7
Kathedrale, Dachterrasse
+39,53

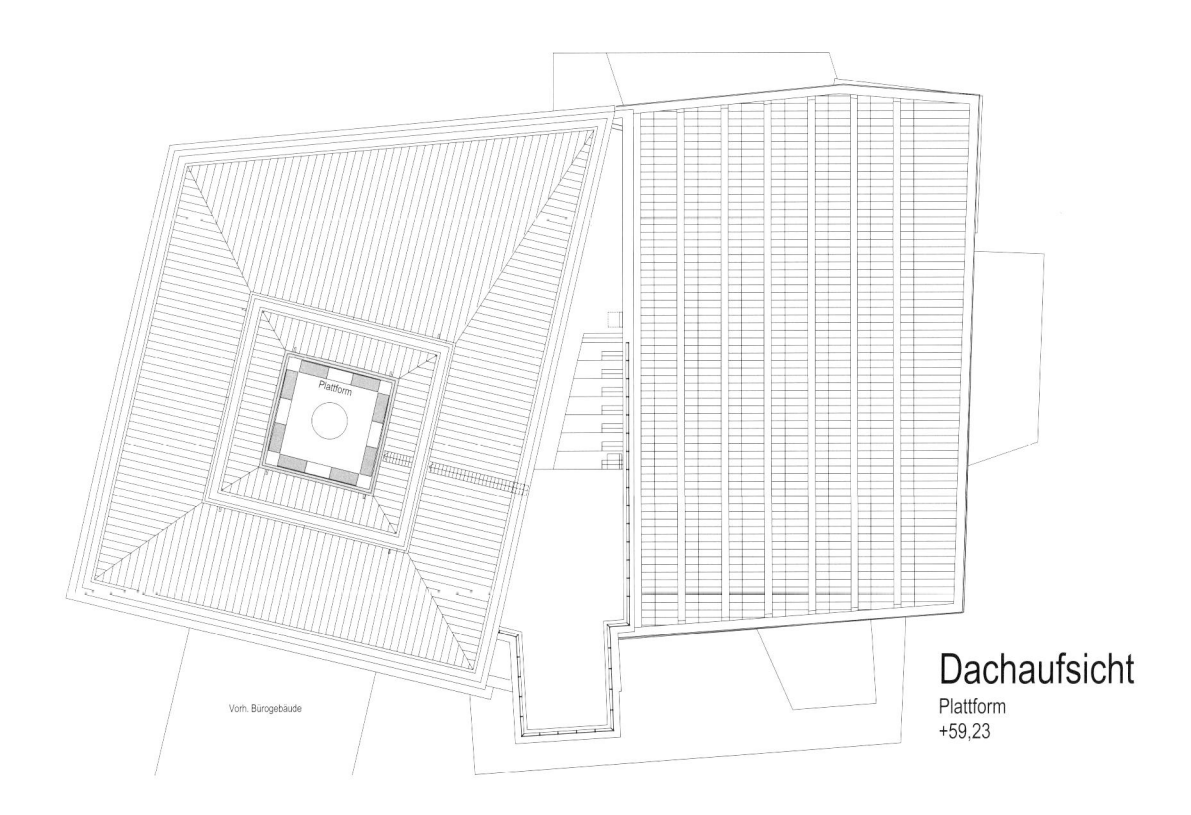

Dachaufsicht
Plattform
+59,23

Grundrisse, 2010

120

PLÄNE / GRUNDRISSE

Kathedrale

Wechsel- und
Sonderausstellungen

Museum Ostwall

Museum Ostwall

Hartware
MedienKunstVerein

Kulturelle Bildung
im digitalen Zeitalter

Hochschuletage

Foyer

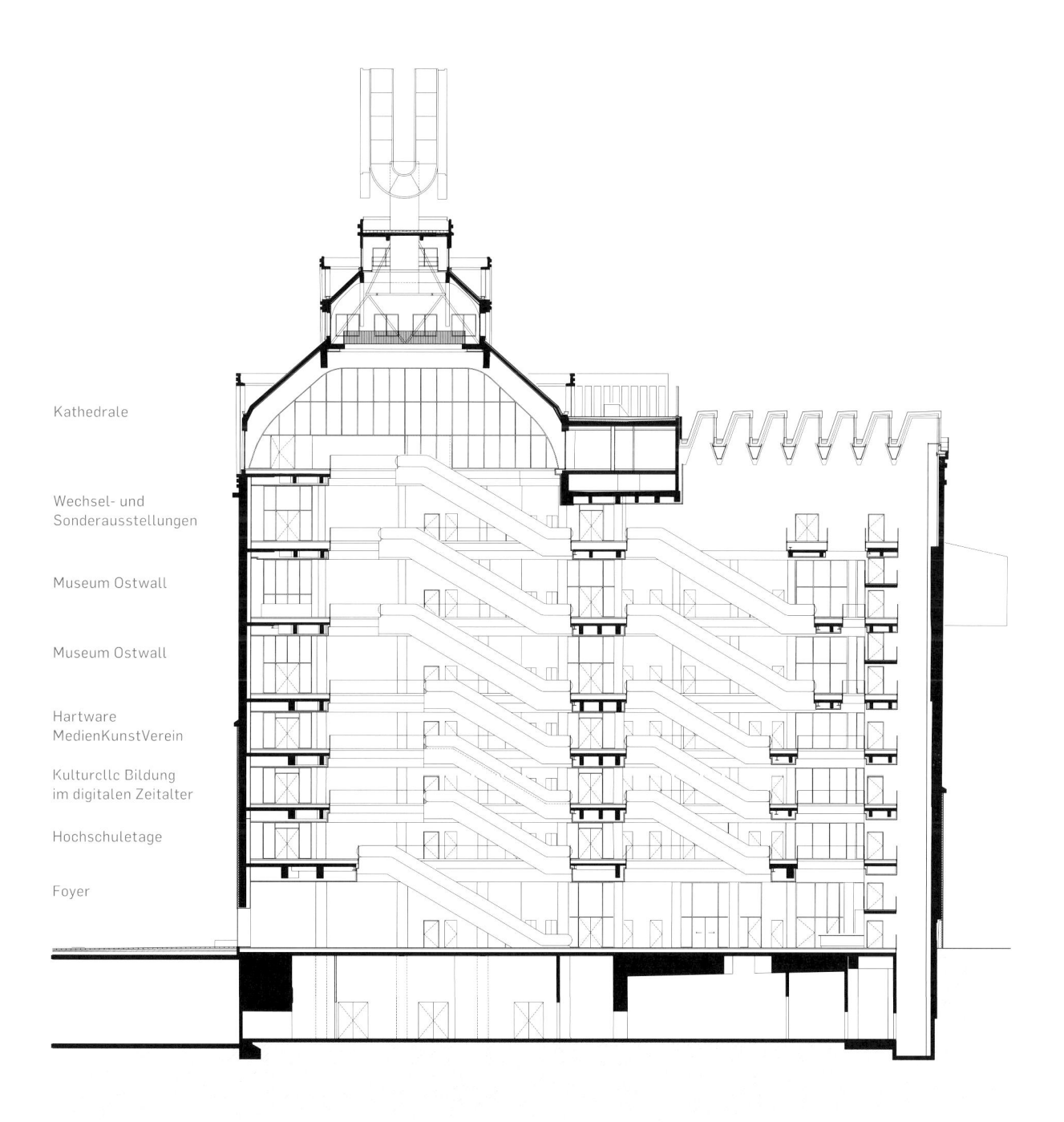

Schnitt S-N durch die Kunstvertikale

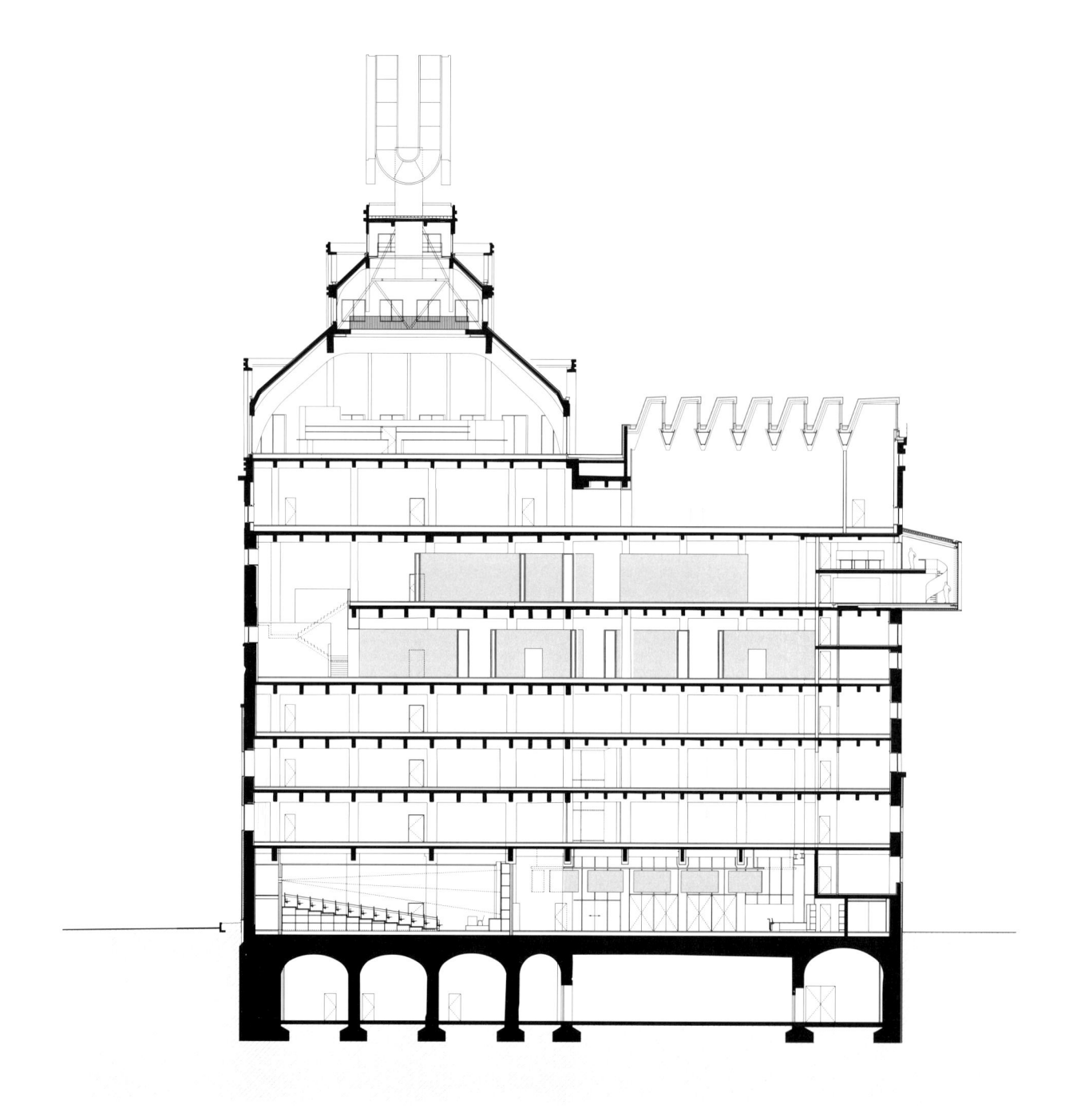

Schnitt S-N durch die Ausstellungsebenen

PLÄNE / GRUNDRISSE

Schnitt O-W

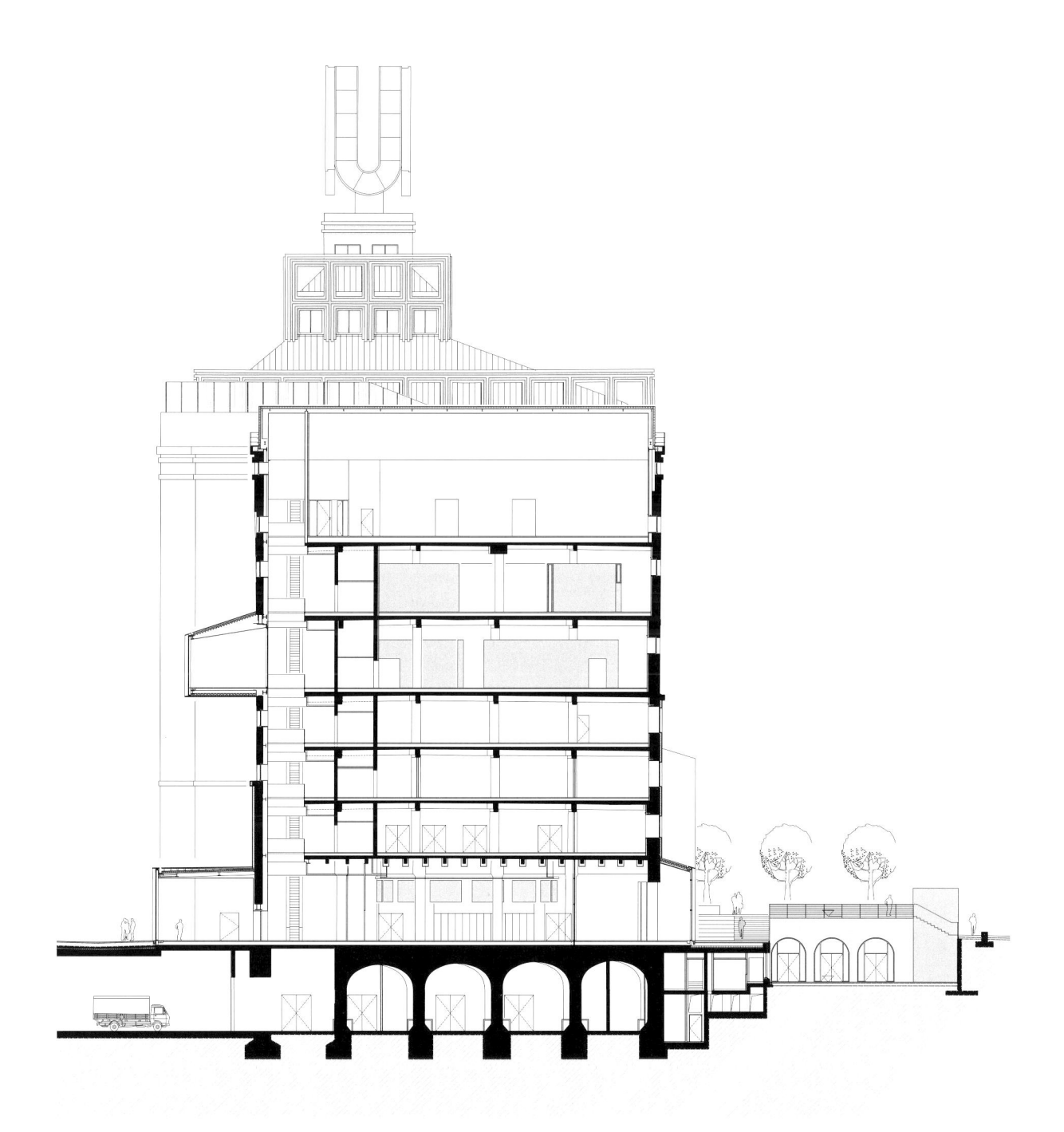

Ansicht Westen

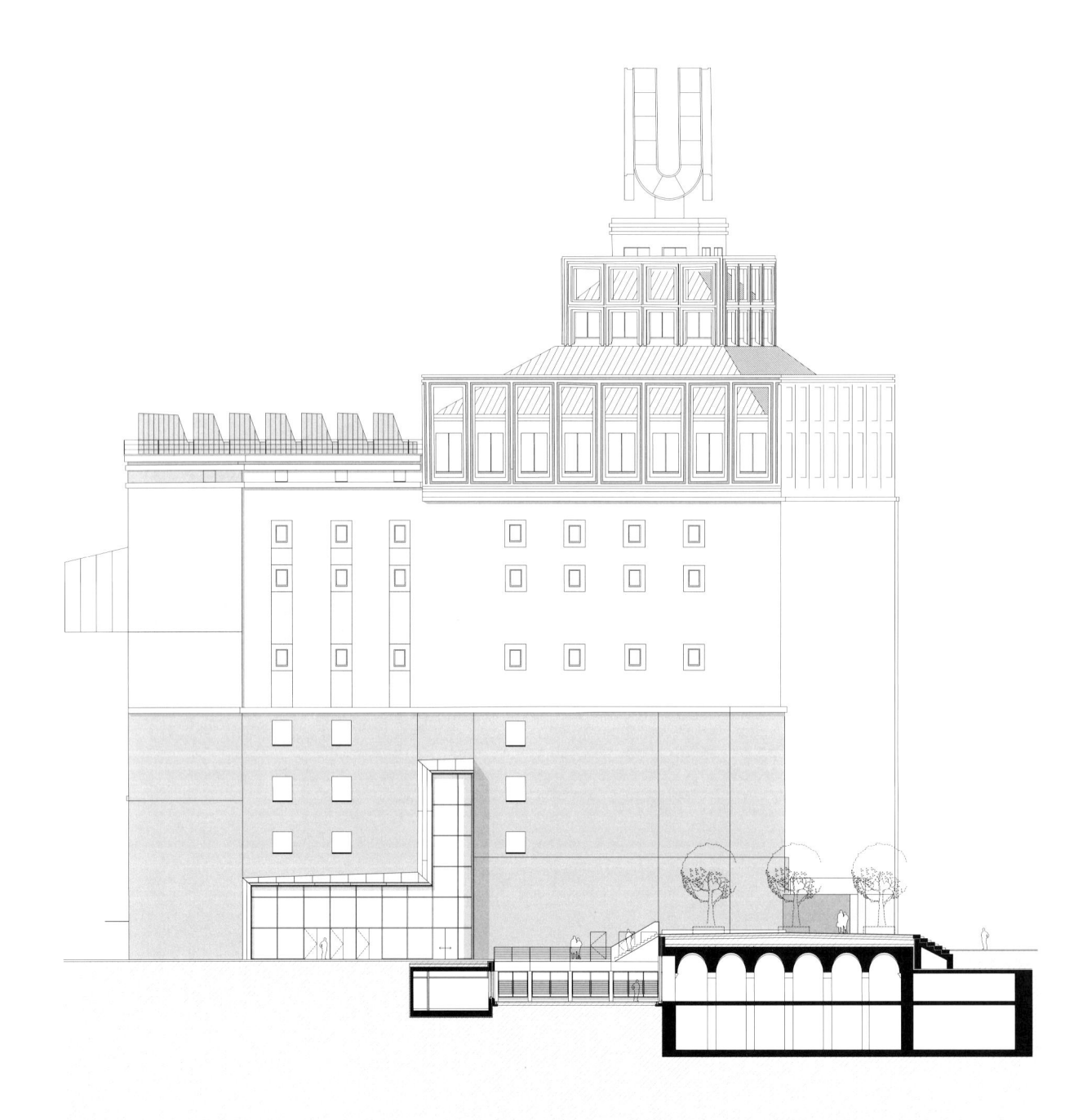

PLÄNE / GRUNDRISSE

Ansicht Osten

SIEBEN FRAGEN
PROFESSOR ECKHARD GERBER IM GESPRÄCH

Sie stammen ursprünglich aus Thüringen, der ehemaligen DDR, und sind von dort nach dem Abitur in die Bundesrepublik geflohen und haben dann in Braunschweig Architektur studiert. Weshalb sind Sie nach Dortmund gekommen?

Schon während des Studiums habe ich das eigene Büro vorbereitet und zwar mit Arbeitsschwerpunkt in Nordrhein-Westfalen. Als »Heimatloser« hatte ich ja die freie Wahl für meinen Arbeits- und Lebensmittelpunkt. Die patchworkartige Struktur der Ruhrregion, die Überlagerung von bebauten und nicht bebauten Strukturen, Industriebrachen und grünen Landschaften, eine Region mit knapp sechs Millionen Menschen auf engem Raum, das war spannend und hierhin hatte ich eine besondere Affinität. Es war und ist heute noch eine Region des Umbruchs, in der sich seit vielen Jahren und auch in Zukunft die Dinge verändern, spannende Voraussetzungen, hier Neues mitzugestalten, im Gegensatz vielleicht zu einer Großstadt wie München mit ihrer verhältnismäßig »heilen Welt«. Hier gab und gibt es für Architekten viel zu tun. Und so liegt es nahe, sich mit seiner Arbeit und mit seinem Leben dieser Region zu verschreiben, wo sich immer wieder neue Dinge entwickeln, aber auch die Menschen offen sind und jeden, der sich für diese Region entscheidet, freudig aufnehmen und integrieren.

—

Was haben Sie als Wahl-Dortmunder im Dortmunder U gesehen, ist es für Sie ein schlüssiges Konzept, Kunst in das Gebäude zu bringen?

Für mich war das Gebäude der Union-Brauerei immer das markanteste und eindrucksvollste Bauwerk des Stadtgebietes gewesen, mit seinen zu einer Stufenpyramide gestaffelten Kolonnaden als Dachbegrenzung und dem darauf stehenden zeichenhaften und leuchtenden »U« als Krone. Kein anderes Bauwerk in Dortmund und der ganzen Region erreicht diese Signifikanz. Es ist ein einmaliges, nicht nachahmbares Unikat, auf den ersten Blick merkfähig, eben die Landmarke unserer Region. In der Zeit seines Leerstandes und des allmählichen Verfalls fanden manchmal Veranstaltungen darin statt. So konnte man bei Besuchen auch das Innere des Gebäudes sehen und sich davon einen Eindruck verschaffen.

—

Leider müssen wir auch heute immer noch gegen das unverdiente schlechte Image des Ruhrgebietes agieren. Wir sind eine grüne Region, die Zeiten von schmutziger Luft sind längst Vergangenheit. Mit der Umwandlung unserer alten markanten und schönen Industriegebäude in kulturelle Zentren können wir Wandel durch Kultur und Kultur durch Wandel für die Ruhrregion am besten nach außen deutlich machen. Ein solches Gebäude mit Kunst zu füllen und das nach außen zu zeigen, ist der größtmögliche Gegensatz zur ursprünglichen industriellen Nutzung. Das wird so auch den letzten Zweifler vom Wandel des »Kohlenpotts« zu einer Kulturregion überzeugen. Das ist der Anspruch, den das Ruhrgebiet heute hat. Das Dortmunder U ist somit auch mein persönliches Bekenntnis für die Identifikation mit dieser neuen Region und ich habe es als einen großen Glücksfall empfunden, dass wir diesen internationalen Wettbewerb gewinnen und dieses große Projekt realisieren konnten. Wir hatten ja bisher in unserer Heimatstadt seit 20 Jahren leider keinen kommunalen Auftrag bekommen.

—

War es eine große Herausforderung, in dieses Baudenkmal ein Museum zu implantieren?

Zunächst einmal war vom Denkmal nicht mehr viel zu sehen. Das ehemalige Brauereigebäude war im Laufe seiner sich verändernden Bierproduktion vielfach um- und angebaut worden. Wir haben also zuerst die originalen Pläne studiert und die Geschichte seines Entstehens beziehungsweise seine Lebensgeschichte. So konnten wir die wichtigsten Essentials des Denkmals, das sich ja nicht nur in seinem Äußeren, sondern auch und ganz besonders in seiner inneren

Struktur manifestiert, herausfinden und dies für unsere Arbeit zugrunde legen. Man muss ein solches Gebäude als Denkmal annehmen und sich damit identifizieren. Je intensiver dies geschieht, umso weniger kann man ihm, was seinen Bestand betrifft, wehtun. So sahen wir unsere Aufgabe darin, zum einen den Bestand möglichst weitgehend zu erhalten, aber trotzdem zum anderen dies alte Brauereigebäude in ein Haus für die Kunst umzuwandeln.

—

Wir wissen auch aus Erfahrung, dass es natürlich wirtschaftlicher und preiswerter ist, Konstruktion und Fassaden zu erhalten und möglichst wenig in den Bestand einzugreifen. Nach einer ganzen Reihe entwickelter Entwurfsalternativen entstand dann die entscheidende Idee: Ein kleiner chirurgischer Eingriff mit großer Wirkung, in dem wir die Decken der sieben Geschosse entlang der polygonalen östlichen Außenwände durch einen geraden Schnitt herausnehmen. Somit entstand ein über die ganze Höhe des Hauses reichender innerer schmaler Luftraum als Erschließungsfoyer für jedes einzelne Geschoss. Damit war unsere »Kunstvertikale« geboren, die in der Raumwirkung die Faszination des großen Gebäudevolumens im Stadtraum nun auch im Inneren räumlich vermitteln konnte.

—

Sie haben das Haus in seiner Außenansicht mit den Erkern deutlich verändert. Gab es keine Einsprüche der Denkmalpflege?
Die Verwandlung des Brauereigebäudes zu einem Haus für die Kunst sollte ja auch nach außen deutlich werden. Deshalb haben wir mit Erkern Inhalte nach außen dringen lassen. Die Erker fallen natürlich zuerst ins Auge, ihnen sind auch bestimmte Funktionen zugeordnet, wie das Bistro, der Eingang, die Bibliothek und der Konferenzraum. So haben sie ihren Sinn und vielleicht auch ihre Berechtigung. Bauherr und Denkmalpflege hatten jedenfalls dagegen keine Einwände.

Einen weiteren Erker nach Süden haben wir im Einvernehmen fallen lassen. Er hätte die neue Eingangshalle für das Museum Ostwall in der 4. und 5. Etage nach außen hin dargestellt. So blieben Süd- und Westseite mit ihren dann restaurierten Fassaden unbeeinträchtigt. Nun wird das zweigeschossige Eingangsfoyer des Museums in der 4. und 5. Etage nur durch die ursprünglichen wenigen kleinen Fenster belichtet, die als kleine quadratische Lichtpunkte diesen Raum erstaunlich hell machen und ihm eine schöne Stimmung verleihen.

—

Auch die unteren Bereiche der Fassaden, die immer mit Anbauten versehen waren und deshalb eigentlich auch nicht denkmalwürdig waren, führten natürlich zu Diskussionen zwischen uns und der Denkmalpflege: Wie sollte man, nun ohne die ehemaligen Anbauten, mit diesen Fassaden umgehen? Aus Kostengründen wurden sie schließlich verputzt. Aus Sicht der Denkmalpflege sollten sie sich damit deutlich von der expressionistischen Ziegelfassade absetzen. Vielleicht wäre es im Nachhinein doch besser gewesen, diese Wände auch mit Ziegeln zu verkleiden. Es sind nun lediglich die Putzflächen im Ziegelton gestrichen, sodass man die Geschichte des Hauses auf diese Weise ablesen kann.

—

Im oberen Bereich sind Teile, die zerstört waren, natürlich im ursprünglichen Sinne wiederhergerichtet worden, auch das Treppenhaus 1 wurde, da wo es in seiner äußeren Fassade zerstört war, wieder verklinkert. Auf dem nördlichen Annex ist die Sheddachkonstruktion aufgesetzt worden, die trotz ihrer markanten Gestaltung kaum als Hinzufügung deutlich wird. Die Kathedrale konnten wir in ihrer großartigen Räumlichkeit wieder zurückgewinnen. Dieser Raum diente ursprünglich den hier aufgestellten Kühlelementen. Der hier entstandene Wasserdampf wurde über Lamellen in den Kolonnaden abgeführt. 1968 baute Ernst Neufert auf die oberste Kolonnadenspitze der Stufenpyramide das bekannte »U« als Firmenzeichen der Dortmunder Union-Brauerei. Hierzu waren Abfangungen notwendig, die im Kathedralenraum mit hohen Betonbalken und einer aufwendigen Stahlkonstruktion erfolgten und den schönen Raum so zerstörten.

—

Professor Pfeifer mit seinem Team der Tragwerksplaner hat es geschafft, die Kräfte aus dem leuchtenden U in die vorhandene Dachkonstruktion der Kathedrale abzuleiten, sodass wir die Einbauten entfernen konnten und somit nun wieder der ursprüngliche Raum entstanden ist, der zu einem hochinteressanten Veranstaltungsraum in dem neuen Zentrum für Kunst und Kreativität wird.

—

Wie ist das Haus organisiert?
Man kommt in die Halle der Kunstvertikale und über Fahrtreppen nacheinander in jede einzelne Etage mit den verschiedenen Einrichtungen.

—

Im Rahmen des Architektenwettbewerbes, den ich zusammen mit dem Kollegen Professor Gernot Schulz bearbeitet habe, sollte das gesamte Gebäude für das Museum am Ostwall genutzt werden. Erst während der Planung änderte sich aus politischen Gründen diese Absicht. Statt des bisher reinen Museums wurde das Projekt nun zu einem Zentrum für Kunst und Kreativität und das Museum mit seiner Sammlung auf die 4. und 5. Etage reduziert.

—

Unser Konzept konnte diese Programmumstellung ohne Änderung leisten, denn wir können nach wie vor die einzelnen Einrichtungen in den verschiedenen Etagen jeweils auch gesondert über die Kunstvertikale und die Fahrtreppen erreichen.

Mit den anderen prämierten Wettbewerbsentwürfen wäre diese Programmänderung ohne wesentliche Änderung des Entwurfskonzeptes nicht möglich gewesen. So hatten wir, aber auch der Bauherr, Glück mit unserem Konzept. Wir hatten auch als einzige im Wettbewerb einen Oberlichtsaal angeboten, der eigentlich selbstverständlich für ein Museum sein sollte. Neben der Kathedrale des U-Turms mit ihren Betonkolonnaden und dem U schließt sich der Annex an, dessen einfaches flaches Dach das Potenzial und die Möglichkeit für einen Oberlichtsaal bot. Zur Nordseite hin sind über alle Geschosse außer dem Oberlichtsaal die Büros angeordnet. Hier hatte die denkmalgeschützte Fassade genügend Einzelfenster.

—

Mussten Sie aus Sicht der Kunst viele Kompromisse machen?
So ein Industriedenkmal, das aus Lager- und Produktionsgeschossen bestand, ist von seiner Einfachheit dafür prädestiniert, Kunst hineinzustellen, ohne großartige Änderungen vornehmen zu müssen. Es entsprach unserer Auffassung, der Kunst eine einfache neutrale Hülle zu geben und nicht für die Kunst ein konkurrierendes »Baukunstwerk« zu schaffen. Auf Grund der sehr geschlossenen äußeren Fassade und der großen Gebäudetiefen gibt es weniger Tageslicht, also mehr Kunstlicht. Über dieses Thema von Tages- und Kunstlicht gehen ja ohnehin die Meinungen der Museumsfachleute auseinander. Mit der Nutzungsänderung zum Kreativzentrum haben wir dann das Museum Ostwall in der 4. und 5. Etage sozusagen als eine Haus-in-Haus-Lösung vorgeschlagen, um den Museumsbesuch nicht in zwei Teile innerhalb des Kreativzentrums zu zerlegen. Das war aber kein Kompromiss, sondern führte mit der zweigeschossigen Eingangshalle zu einer schönen Raumidee, die ein Gewinn für das Haus ist. Die Ausstellungsarchitektur wurde von den Berliner Architekten Kuehn Malvezzi im Zusammenwirken

SIEBEN FRAGEN

mit uns und dem Museumsdirektor Prof. Wettengl speziell für die Sammlung entwickelt. Wir hätten die Ausstellungswände gerne etwas niedriger gemacht und die Ausstellungsarchitektur in ihrer Struktur neutraler, um so auch mehr Freiraum für spätere Ausstellungskonzepte offen zu halten. Es sind aber temporäre Einbauten, die sich verändern lassen.

—

Wie sehen Sie die weitere Bebauung des Umfeldes?
Weder der vor einigen Jahren schon erfolgte, von uns nicht geplante Büroanbau an das U-Gebäude noch die zur Zeit entstehenden Gebäude im südlichen Bereich des Areals sind besonders glücklich. Richard Rogers hatte vor Jahren einen städtebaulichen Wettbewerb für dieses Gesamtareal gewonnen und stellte dafür einen Masterplan auf. Die Bebauung heute hat leider sehr wenig mit diesem Plan zu tun, obwohl das Gegenteil immer mal wieder beteuert wird. Für die noch fehlende Bebauung im Norden läuft zur Zeit ein Wettbewerb als PPP-Verfahren, da wird man auf das Ergebnis gespannt sein können. Es sollen hier zwei Berufsschulen und ein Kompetenzzentrum für Firmen der Kreativwirtschaft wie zum Beispiel für Designer, Werbeagenturen und so weiter entstehen. Bei dieser Bebauung wird die Höhenentwicklung von entscheidender Bedeutung sein, um den Blick von der Bahn zum U freizuhalten und nicht auch noch das U von dieser Seite, wie es leider von der Rheinischen Straße geschehen ist, einzumauern.

—

Die Fragen stellte Falk Jaeger.

KUNST UND SPIELE
DIE NEUEN NUTZUNGEN DES KUNST- UND KREATIV-ZENTRUMS DORTMUNDER U

Zu einem »Symbol für den Wandel des Ruhrgebiets durch Kultur« werde das Dortmunder U werden, versprach der damalige Ministerpräsident Jürgen Rüttgers im Februar 2008 bei der Vorstellung des bedeutenden Projekts der Metropole Ruhr als Kulturhauptstadt Europa. Damit zeige das Ruhrgebiet seine Zukunftsfähigkeit und man reihe sich ein unter die Kultur- und Forschungseinrichtungen in Linz (Ars Electronica Center), Amsterdam (De Waag Society), Rotterdam (V2_Organisation) und in Karlsruhe (ZKM).
—
Die Ankündigungen waren sicher nicht zu hoch gegriffen. Merkmal der genannten Kulturzentren ist jeweils die Unterbringung verschiedener existierender oder auch neu gegründeter Institutionen unter einem Dach mit dem Ziel der Vernetzung und der gegenseitigen Förderung und Inspiration, heute gerne als Synergieeffekte bezeichnet. Beim Dortmunder U sind dies ein Kunstmuseum, zwei Hochschulen sowie weitere einschlägige Initiativen und Vereinigungen, die vor allem auf dem Gebiet der Medien arbeiten und gemeinsam das »Zentrum für Kunst und Kreativität« bilden. Die Institutionen zusammenzuführen und die Zusammenarbeit der Partner zu koordinieren, hat sich der Gründungsdirektor des Zentrums Dr. Andreas Broeckmann zur Aufgabe gemacht. Er sieht die Herausforderung darin, das kulturelle Erbe und die aktuelle kulturelle Praxis an eine breitere Bevölkerung heranzutragen, als es bislang mit dem traditionellen bürgerlichen Kulturbetrieb geschah. Es gilt, das kulturelle Erbe auf eine Art und Weise zu vermitteln, dass sich die Menschen aus allen Bevölkerungsgruppen angesprochen fühlen und sich damit identifizieren können. Diese Vermittlungsarbeit soll gestärkt und als Forschungs- und experimentelle Aufgabe angegangen werden. Dazu sind im Dortmunder U sowohl kommunale als auch staatliche Einrichtungen versammelt.

Die Fachhochschule Dortmund nutzt die Hochschuletage für Ausstellungen und Veranstaltungen und plant, 2011 ein von dem Filmkünstler Adolf Winkelmann geleitetes »Zentrales Forschungsinstitut für Bewegtbild-Studien« als Schnittstelle zwischen künstlerischer Entwicklung, Beratung der Kreativwirtschaft und interdisziplinärer Lehre einzurichten. Die Technische Universität Dortmund sieht das Dortmunder U als ihren Campus in der Stadt, wo sie ihre Aktivitäten mit Lehrveranstaltungen und Workshops für Universitätsangehörige und die interessierte Öffentlichkeit, mit Ausstellungen und vielen Veranstaltungen entfalten kann. Es geht dabei um die Vernetzung von Wirtschaft, Wissenschaft und Kultur auf der Hochschuletage.
—
Für den dauerhaften Betrieb des RWE Forums, eines Veranstaltungssaals im Erdgeschoss als Programmkino, wurde der Verein Kino im U gewonnen.
—
Grenzüberschreitendes Arbeiten zwischen unterschiedlichen Kunstformen und neuen Medienwelten und die Vermittlung von Medienkompetenz hat das Zentrum für Kulturelle Bildung im 2. Obergeschoss zur Aufgabe. Träger des Zentrums ist bis auf Weiteres das Kulturbüro der Stadt Dortmund, das mit verschiedenen Partnern des städtischen Kulturbetriebs kooperiert. Ziel ist, die Vermittlungsangebote sowohl der im Haus vertretenen Institutionen als auch externer Partner im Zentrum für Kulturelle Bildung zu bündeln und Kooperationen zu initiieren.
—
Angebote für Kinder, Jugendliche und Erwachsene, von Schulstunden bis zu Abendkursen, von Matineen bis zu Projektwochen und Sommerakademien befassen sich mit vielfältigsten Themen der Kunstausübung und -vermittlung, wobei der Schwerpunkt auf digitalen und elektronischen Medien liegt. Es gibt informelle Möglichkeiten für Aktionen und Präsen-

Modellraum / zukünftiges Forschungsinstitut für Bewegtbild-Studien der FH Dortmund

tationen, es gibt Kurse für die Ausübung plastischer oder malerischer Kunst wie auch der Medienkunst und es gibt den Projekt- und Veranstaltungsbereich mit Aktivitäten wie zum Beispiel Modepräsentationen, Lesungen oder Jugendtheater.

—

Die Räume im 3. Obergeschoss hat der Hartware MedienKunstVerein (HMKV) eingenommen, der sich als Plattform für die Produktion, Präsentation und Vermittlung von zeitgenössischer beziehungsweise experimenteller (Medien-)Kunst versteht. Der bisher in der PHOENIX Halle arbeitende Verein wird im Dortmunder U sein Angebot an Ausstellungen, Workshops, Lesungen, Konferenzen und Konzerten erweitern.

—

Die Etagen 4 und 5 hat das Museum Ostwall übernommen, das seinen eingeführten Namen (ehemals »Museum am Ostwall«) freilich nur leicht modifiziert weiterführt, obwohl es nun am anderen Ende der Innenstadt neben dem westlichen Wall liegt, der hier Königswall heißt. Es zeigt seine Kunst des 20. und 21. Jahrhunderts mit einem ungewöhnlichen, die Chronologie umkehrenden Konzept, nämlich des Rückblicks auf die Klassische Moderne durch die nachfolgenden Epochen hindurch. Auf der 6. Etage präsentieren das Museum Ostwall, der HMKV und andere Partner des Hauses regelmäßig wechselnde Ausstellungen, die sich an ein breites, kunst- und kulturinteressiertes Publikum richten.

—

Weithin sichtbarer äußerer Ausdruck der Aktivitäten im Kunst- und Kreativzentrum ist die großflächige Medieninstallation in den Feldern der Pergola auf dem Dach des U-Turms. Die Bildschirme modernster LED-Technik werden mit wechselnden Programmen bespielt, die künstlerische Performances und Werbung für das Haus in einem sind. In der ersten Bespielungsphase begleiten die Medienprogramme des Dortmunder Filmkünstlers Adolf Winkelmann den Besucher durchs ganze Haus, denn schon im Foyer trifft er auf ein großes Panorama in Form von 13 in einem Oval aufgehängten Projektionen mit Szenen aus dem Ruhrgebiet. Die zweite Installation ist in der Kunstvertikalen, also in der Treppenhalle zu sehen. 9 Projektionen auf der großen Ostwand zeigen humorvolle und tiefsinnige Szenen, die den Charakter des Ruhrgebiets und seiner Bewohner porträtieren.

Links:
Räume der
Hochschuletage

Rechts:
Ausstellung *inter-cool 3.0* im
Hartware MedienKunstVerein in der 3. Etage

Selbstredend wird man in einem solchen Haus keine normale Kantine und kein übliches Museumsbistro antreffen wollen. RUBY heißt der gastronomische Betrieb im Erdgeschoss an der Leonie-Reygers-Terrasse. Der Name ist Programm; rubinrote Farbtöne und in schwarz gehaltene Möbel sowie eine mit Blattgold veredelte Theke bringen eine gewisse Extravaganz in das Ambiente. Durch die Beleuchtung kann die atmosphärische Stimmung gesteuert werden, und so wandelt sich das Bistro am Abend zur Bar und zum »Micro-Club«, in dem aktuelle Musik zu hören ist.

—

Musik am Abend, das erwartet die Besucher auch am anderen, am oberen Ende des Turms. Gleich unterhalb des goldenen »U« liegt der kathedralhafte Raum unter dem Pyramidendach, wegen seiner Rundumsicht über die Stadt VIEW genannt. 300 Gäste können im Tagescafé bewirtet werden, bei angenehmem Wetter auch auf der 200 Quadratmeter großen Dachterrasse. Abends wandelt sich das VIEW in ein anspruchsvolles Restaurant mit euroasiatischer Küche. Nachts werden regelmäßig elektronische Musikvorführungen, Konzerte, Lesungen und andere kulturelle Veranstaltungen geboten.

Und noch eine gastronomische Attraktion lockt die Dortmunder tagsüber und am Abend ins Dortmunder U. Auerbachs Keller kennt man aus Goethes Faust und als Lokalität mit 500-jähriger Tradition in Leipzig. Ein Lokal dieses Namens wurde 1974 auch in den Kellern des Dortmunder U eröffnet. Mit Leipzig ist das Dortmunder U über seinen Architekten Emil Moog verbunden. Denn 1926, als die Dortmunder Union-Brauerei Auerbachs Keller in Leipzig übernahm und erheblich erweiterte, war es Moog, der das Restaurant ausbaute und gestaltete. Es wurde 1927 eröffnet, im selben Jahr wie der Kellerturm in Dortmund. Nach der Renovierung öffnet das Restaurant unter neuem Namen wieder in den historischen Gewölben und mit geräumiger Terrasse vor den Kellern auf abgesenktem Terrain.

—

Die Gastronomie ergänzt das außerordentlich vielseitige Nutzungsprogramm des Dortmunder U und trägt dazu bei, das Kulturzentrum als Ort des öffentlichen und kulturellen Lebens in Dortmund zu etablieren.

Sammlung des
Museums Ostwall

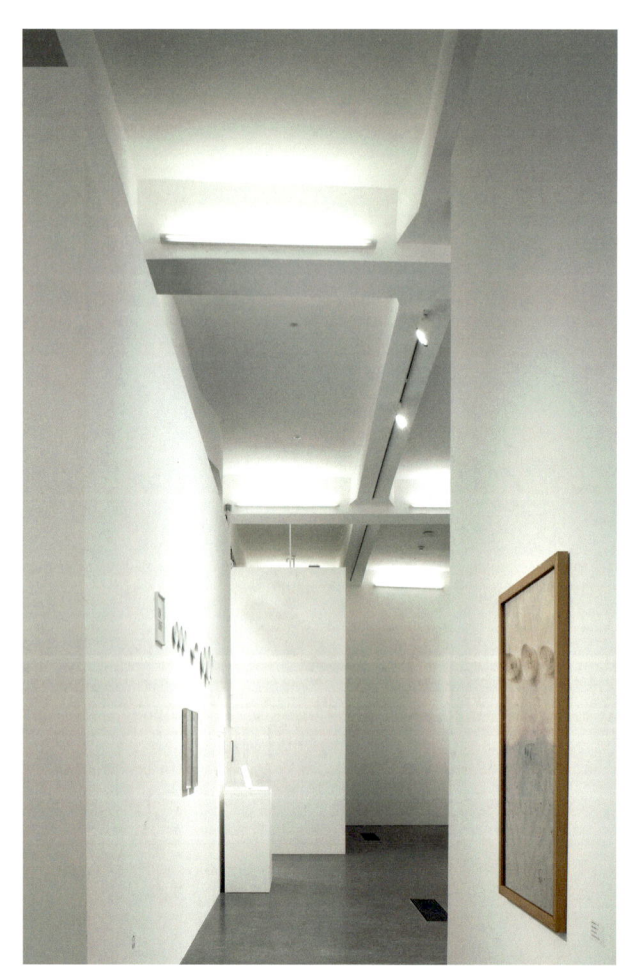

Sammlung des Museums Ostwall

Wechselausstellungsfläche /
Oberlichtsaal

KUNST UND SPIELE

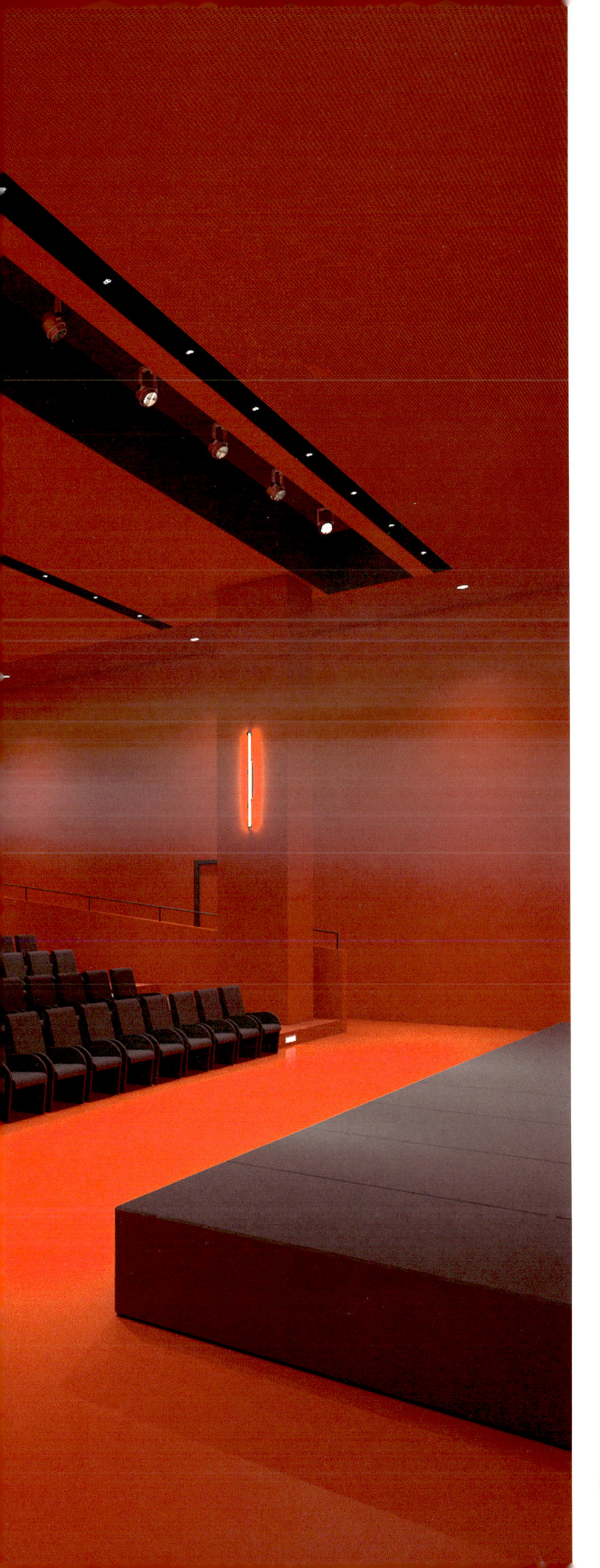

3D-Simulation des RWE Forums

KUNST UND SPIELE

Seite 140/141:
Kathedrale, Eröffnung
des Museums Ostwall

Links:
Medieninstallation in
der Dach-Pergola von
Adolf Winkelmann

DATEN UND FAKTEN

14. APRIL 1926
Baubeginn Gär- und Kellerhochhaus

9. JUNI 1927
Inbetriebnahme Gär- und Kellerhochhaus

5. MAI – 29. NOVEMBER 1944
Weitgehende Zerstörung der umgebenden Betriebsgebäude

APRIL 1948
Beginn Wiederaufbau der umgebenden Betriebsgebäude

1956
Anbau eines zusätzlichen Treppenhauses an der Westseite

1968
Ersatz der krönenden Laterne durch das monumentale »U«

1994
Ende der Bierproduktion am Standort Rheinische Straße

2003
Abriss der Betriebsgebäude bis auf das denkmalgeschützte Hochhaus

2005
Fertigstellung der benachbarten Verwaltungsgebäude der Brau und Brunnen AG

22. MAI 2006
Entscheidung Architektenwettbewerb

2007
Veräußerung des Gesamtareals an die Stadt Dortmund

28. JANUAR 2008
Beginn Dach- und Fachsanierung sowie Abriss des Malzsilos

28. FEBRUAR 2008
Antrag auf Bewilligung der Fördermittel zur Finanzierung und Umnutzung des U-Turms

6. NOVEMBER 2008
Zuwendungsbescheid

5. AUGUST 2009
Baubeginn

28. MAI 2010
Beginn des Programmprologs in der 1., 2. und 3. Etage und Start der Filminstallationen von Adolf Winkelmann

8. OKTOBER 2010
Eröffnung des Museums Ostwall in der 4. und 5. Etage

18. DEZEMBER 2010
Gesamteröffnung

Bruttogeschossfläche BGF: 19.800 m²
Bruttorauminhalt BRI: 122.297 m³
Nutzfläche NF: 10.530 m²

PROJEKTBETEILIGTE

WETTBEWERB

Gerber Architekten in Zusammen-
arbeit mit Prof. Dipl.-Ing. Gernot Schulz
Prof. Dipl.-Ing. Eckhard Gerber
Prof. Dipl.-Ing. Gernot Schulz

Dipl.-Ing. Hannes Beinhoff
Dipl.-Ing. Benjamin Sieber
Dipl.-Ing. Olaf Schüler
Dipl.-Ing. Martin Pellkofer
Dipl.-Ing. Lilian Panek
Dipl.-Ing. Van-Hai Nguyen
Siegbert Hennecke

PROJEKTPLANUNG

Gerber Architekten GmbH, Gesamtleitung:
Prof. Dipl.-Ing. Eckhard Gerber

Dipl.-Ing. Jens Haake, Projektdirektor
Dipl.-Ing. Rolf Knie, Projektleiter
Dipl.-Ing. Benjamin Sieber, stellv. Projektleiter
Dipl.-Ing. Nicole Juchems
Dipl.-Ing. Jan Kallert
Dipl.-Ing. Alexandra Kranert
Dipl.-Ing. Stefan Lemke
Dipl.-Ing. Parizad Pezeshkpour
Dipl.-Ing. Wolfang Riegger
Dipl.-Ing. Annette Rösler
Dipl.-Ing. Artur Schiebelbein
Dipl.-Ing. Judith Wiese
Siegbert Hennecke

BAULEITUNG

Gerber Architekten

Dipl.-Ing. Rüdiger Ameling
Dipl.-Ing. Melanie Bäcker
Dipl.-Ing. Ulrich Scheinhardt
Dipl.-Ing. Keith Stoltenfeld
Dipl.-Ing. Ulrich Wendholt
Dipl.-Ing. Claus-Jürgen Tedt
Dipl.-Ing. Heinz-Dieter Schaake
Dipl.-Ing. Lena Metschurat
Dipl.-Ing. Soudabeh Zerangi

CAD

Gerber Architekten

Rosemarie General
Peter Masik

PROF. DIPL.-ING. ECKHARD GERBER
Geb. 1938 im thüringischen Oberhain, studierte an der TH Braunschweig und erwarb 1966 das Diplom. Im selben Jahr bildete er mit Manfred Lange das Büro Werkgemeinschaft 66 in Meschede. 1973–1975 war er Korrekturassistent am Lehrstuhl Professor Harald Deilmann an der Universität Dortmund. 1979 gründete er in Dortmund-Kley sein neues Büro, das seit 2002 unter Gerber Architekten firmiert. 1981–1992 hatte er die Professur für Grundlagen der Gestaltung und angewandte Gestaltungslehre für Architektur und Landespflege an der Universität GHS Essen inne. 1990 übernahm er das Lehrgebiet Grundlagen der Gestaltung und Entwerfen für Architektur an der Bergischen Universität Wuppertal, wo er 1995–1999 das Amt des Dekans bekleidete. Seit 2004 ist er Professor für Grundlagen der Gestaltung und des Entwerfens im Masterstudiengang REM & CPM an der Bergischen Universität Wuppertal. 1992–2010 war er Vorsitzender des Dortmunder Kunstvereins.

AUTOREN

PROF. DR.-ING. (ARCH.) FALK JAEGER
Geb. 1950 in Ottweiler/Saar, studierte in Braunschweig, Stuttgart und Tübingen Architektur und Kunstgeschichte und wurde an der TU Hannover promoviert. Seit 1976 arbeitet er als freier Architekturkritiker und Autor. 1983–1988 war er Assistent am Institut für Baugeschichte und Bauaufnahme der TU Berlin, übernahm Lehraufträge an verschiedenen Hochschulen und hatte 1993–2000 den Lehrstuhl für Architekturtheorie an der TU Dresden inne. 2000–2001 war er Chefredakteur der Bauzeitung. Er lebt als freier Publizist, Dozent, Kurator und Fachjournalist für Rundfunk, Tages- und Fachpresse in Berlin.

PROF. DIPL.-ING. (ARCH.) KARL-HEINZ PETZINKA
Geb. 1956 in Bocholt, studierte 1976–1982 an der Rheinisch-Westfälischen Technischen Hochschule Aachen Architektur und arbeitete anschließend ein Jahr bei Oswald Mathias Ungers in Köln und bis 1985 als Assistent bei Professor Wolfgang Döring in Aachen. 1982 begann seine Tätigkeit als selbstständiger Architekt in verschiedenen Partnerschaften. 1988–1994 hatte er einen Lehrauftrag für Entwurf an der Gesamthochschule Wuppertal. 1994 übernahm er die Professur am Lehrstuhl für Entwerfen und Gebäudetechnologie an der TU Darmstadt und lehrt seit 2008 als Professor der Klasse Baukunst an der Kunstakademie Düsseldorf. Seit Oktober 2004 ist er Vorsitzender der Geschäftsführung des Immobilienkonzerns THS GmbH in Gelsenkirchen. 2007 übernahm er darüber hinaus die Aufgabe des Künstlerischen Programmdirektors der RUHR.2010 GmbH für das Themenfeld »Stadt der Möglichkeiten«.

IMPRESSUM

DORTMUNDER U
ZENTRUM FÜR KUNST UND KREATIVITÄT
—
Publikation in drei Bänden anlässlich
der Eröffnung des Dortmunder U –
Zentrum für Kunst und Kreativität

EDITORISCHE GESAMTVERANTWORTUNG
Andreas Broeckmann und Dieter Nellen
—

BAND I
DORTMUNDER U –
ZENTRUM FÜR KUNST UND KREATIVITÄT
Herausgegeben von
Andreas Broeckmann und Dieter Nellen für die
Stadt Dortmund und den Regionalverband Ruhr
—

BAND II
DORTMUNDER U –
DIE ARCHITEKTUR
Herausgegeben von
Falk Jaeger gemeinsam mit dem Regional-
verband Ruhr und der Stadt Dortmund

BAND III
MUSEUM OSTWALL IM DORTMUNDER U –
DAS MUSEUM ALS KRAFTWERK
Herausgegeben von
Kurt Wettengl für die Stadt Dortmund
gemeinsam mit dem Regionalverband Ruhr

BAND II
—
KONZEPTION
Falk Jaeger
—
REDAKTION
Falk Jaeger, Ingo W. Schmitt
—
TEXTE
Falk Jaeger
—
LEKTORAT UND KOORDINATION
Antje Utermann-Funke
—
GESTALTUNG UND SATZ
labor b designbüro, Ruhrgebiet
—
REPRODUKTIONEN / GESAMTHERSTELLUNG
DruckVerlag Kettler, Bönen
—
© 2010 Dortmunder U – Zentrum für Kunst
und Kreativität, DruckVerlag Kettler, Bönen;
das Copyright für die Texte beim Autor und
dem Dortmunder U.

ISBN
978-3-86206-056-6

Printed in Germany

IMPRESSUM

DORTMUNDER U
ZENTRUM FÜR KUNST UND KREATIVITÄT
—
Publikation in drei Bänden anlässlich
der Eröffnung des Dortmunder U –
Zentrum für Kunst und Kreativität

EDITORISCHE GESAMTVERANTWORTUNG
Andreas Broeckmann und Dieter Nellen

BAND I
DORTMUNDER U –
ZENTRUM FÜR KUNST UND KREATIVITÄT
Herausgegeben von
Andreas Broeckmann und Dieter Nellen für die
Stadt Dortmund und den Regionalverband Ruhr
—
BAND II
DORTMUNDER U –
DIE ARCHITEKTUR
Herausgegeben von
Falk Jaeger gemeinsam mit dem Regional-
verband Ruhr und der Stadt Dortmund
—
BAND III
MUSEUM OSTWALL IM DORTMUNDER U –
DAS MUSEUM ALS KRAFTWERK
Herausgegeben von
Kurt Wettengl für die Stadt Dortmund
gemeinsam mit dem Regionalverband Ruhr

BAND II

KONZEPTION
Falk Jaeger

REDAKTION
Falk Jaeger, Ingo W. Schmitt

TEXTE
Falk Jaeger

LEKTORAT UND KOORDINATION
Antje Utermann-Funke

GESTALTUNG UND SATZ
labor b designbüro, Ruhrgebiet

REPRODUKTIONEN / GESAMTHERSTELLUNG
DruckVerlag Kettler, Bönen

© 2010 Dortmunder U – Zentrum für Kunst
und Kreativität, DruckVerlag Kettler, Bönen;
das Copyright für die Texte beim Autor und
dem Dortmunder U.

ISBN
978-3-86206-056-6

Printed in Germany

BILDNACHWEIS
© 2010 Gerber Architekten: S. 29 unten, 30, 31, 34, 35, 114–119, 121–125, 138/139

—

FOTOGRAFIEN
© 2010 für die betreffenden Aufnahmen bei den Fotografen / Archiven

—

Erich Angenendt: S. 12 oben, 25
Cramers Kunstanstalt KG: S. 24 oben
Paul Hahn und Michael Trippel: S. 29 oben
David Klammer: S. 127–129
Hans Jürgen Landes, Dortmund: Vorsatz, S. 32, 33, 36, 37 Mitte, 38–41, 42 unten, 43, 44, 47 unten, 48–55, 80/81, 90/91, 97, 108, 137, 140/141
Büro Assmann Beraten & Planen: S. 27
Büro ProfessorPfeiferundPartner: S. 37 oben, unten, 42 oben, 45
Christian Richters, Münster: S. 8/9, 57, 60, 62–76, 78, 79, 82–89, 92–94, 96, 98–101, 103–107, 109–111, 131–136, 142, Nachsatz
Stadtarchiv Dortmund, Bestand 163/01 (Melzerstraße 2, Band 10): S. 18 unten links, 21
Stiftung Westfälisches Wirtschaftsarchiv, Dortmund, Archivbestand F 188, Dortmunder Union-Brauerei: S. 11 oben, 12–15, 19, 24 unten, 25, 26
Vermessungsbüro Tiemann & Partner: S. 47 oben

Die Abbildungen auf den Seiten 11 Mitte/unten, 17, 18 oben/rechts, 22 und 23 sind der Publikation Emil Moog, *Brauerei Anlagen*, Düsseldorf 1927, entnommen.

—

Sollten fotografische oder bildrechtliche Quellen trotz intensiver Recherchen nicht nachgewiesen werden können, bitten wir eventuell ungenannt gebliebene Rechteinhaber, sich an Gerber Architekten zu wenden.

—

Vorsatz: Fahrtreppenaufgang zur Kathedrale
Nachsatz: Blick von Osten